商业模式裂变

大变革时代中国企业创新密码

北冰 ◎ 著

中国商业出版社

图书在版编目（CIP）数据

商业模式裂变：大变革时代中国企业创新密码 / 北冰著. -- 北京：中国商业出版社，2024. 10. -- ISBN 978-7-5208-3154-3

Ⅰ．F279.23

中国国家版本馆 CIP 数据核字第 2024PJ3821 号

责任编辑：郝永霞

策划编辑：佟　彤

中国商业出版社出版发行

（www.zgsycb.com　100053　北京广安门内报国寺 1 号）

总编室：010-63180647　　编辑室：010-83118925

发行部：010-83120835/8286

新华书店经销

香河县宏润印刷有限公司印刷

*

710 毫米 ×1000 毫米　16 开　15 印张　180 千字

2024 年 10 月第 1 版　2024 年 10 月第 1 次印刷

定价：68.00 元

****

（如有印装质量问题可更换）

序

老友北冰教授深耕区域经济研究、产业发展规划、企业战略咨询近30年，视野宏阔、认识深刻、见解独到、成绩卓著。他所领导的远景智库，具有广泛影响力和品牌效应，是湖南省社会智库标杆。他本人连任三届湖南省政协委员，通过不断的参政议政，为地方经济发展出谋划策，作出了自己的贡献。北冰教授在从事实务之余，笔耕不辍，2023年探索新消费的力作《悦己消费：新消费业态，悦己经济崛起》惊艳问世，2024年又有《商业模式裂变：大变革时代中国企业创新密码》不日付梓。嘱余作序，欣然从命。

自熊彼特以降，企业创新研究文献汗牛充栋、林林总总，于今尤胜。精致数理模型有之，深度案例解析有之，皇皇巨著有之，精悍短篇亦有之。通读北冰教授的这部作品后，对其特色和读者群有以下几点认知。

一是直面大时代。这是湖南学者的本底，每与湘籍友人聚，天下大事自然翻滚舌间，三湘古风再现当下，北冰教授自莫能外。本书的题目"商业模式裂变"准确地抓住了当前经济发展的关键趋势，在大变革时代，传统的商业模式正在经历着深刻的变革，裂变成了企业寻求突破和创新的必然选择；而副标题"大变革时代中国企业创新密码"则点明了本书的核心目标，即揭示中国企业在这个时代实现创新的关键因素和方法。本书深入探讨了商业模式的裂变现象，这种裂变并非偶然，而是时代发展的必然。

随着科技的飞速进步、消费者需求的不断变化以及市场竞争的日益激烈，传统的商业模式正在经历着前所未有的冲击和颠覆。在这个背景下，企业必须通过不断的探索和创新来寻找新的商业模式，从而适应市场的变化，赢得竞争。

二是关心真问题。在快速发展的技术的冲击下，企业创新面临的问题五花八门、令人目不暇接。哪些是真问题，哪些是伪问题，哪些是决定创新走向的底层逻辑，哪些是转瞬即逝的"神马浮云"，若想甄别，必须兼具现实感知力和理论思辨力。北冰教授既是区域经济学者、政府智库专家，又是省政协常务委员，这样的多重身份使得他能够以独特的视角来审视商业模式的裂变。他对区域经济的深入研究，使他能够洞察到不同地区企业在商业模式创新方面的需求和潜力；而作为一个资深的专家型政协委员，他参与了省域经济事务的决策过程，对政策的走向和影响有着敏锐的感知力。这种丰富的经验和深刻的见解，在本书中得到了充分的体现。

三是揭示硬道理。在本书中，北冰教授通过深入的研究和丰富的案例，向我们展示了商业模式裂变的全过程。他指出，在数字时代，商业模式的本质已经发生深刻的变化，企业需要从"物以类聚"的思维模式转变为"人以群分"，即要更加关注用户的个性化需求和体验。同时，企业还需要打破传统的边界，以开放的心态拥抱创新，通过技术驱动、群聚创新、数据驱动等方式，实现商业模式的裂变和升级。此外，本书还强调商业模式裂变过程中组织变革和协同创新的重要性。企业要打造中心型组织，实现团队互联、建立决策流程、确定运行节奏、设置联络节点和建设盈利系统，以提高组织的灵活性和适应性。同时，企业还需要加强与各方的合作，实现网络化协同、平台化布局和生态化融合，共同构建一个创新的商业生态系统。

四是指明新路径。本书内容丰富、结构清晰。上篇"商业模式裂变的底层逻辑"从数字时代的增长模式与裂变思维入手,深入探讨了商业模式裂变的基础、冷启动的挑战以及中心型组织的构建。同时,还分析了商业模式裂变的驱动力和创新策略,为读者提供了坚实的理论基础和创新思路。下篇"商业模式裂变落地与实施"则从大数据管理、智能化生产、个性化定制、共享化制造、服务化延伸、网络化协同、平台化布局和生态化融合等多个方面,详细阐述了商业模式裂变的具体实践路径,具有很强的可操作性和指导性。本书所探讨的"创新密码",并不是一种抽象的理论,而是切实可行的方法和策略。它引导企业从传统的思维模式中解放出来,以全新的视角审视市场、客户和竞争环境。在这个过程中,企业需要不断地探索、尝试和调整,才能找到适合自己的商业模式创新之路。

五是注重易读性。北冰教授青春时代喜爱文学与写作,深知叙事技巧和风格对读者意味着什么,这在本书的谋篇布局、遣词造句上得到了很好的体现。全书以理带事,用事明理,事理融通,方便阅读。既可酣畅淋漓,畅读而后快,亦可置于案头床头,翻阅以解惑。全书包含大量的实际案例,以帮助读者更好地理解理论知识,同时提供具有实际应用价值的信息和建议,让读者能够将书中的知识应用到实际生活或工作中,增强读者的阅读获得感。

总之,《商业模式裂变:大变革时代中国企业创新密码》是一本具有重要理论价值和实践意义的著作。它为中国企业在大变革时代的发展提供了指导和启示,帮助企业管理者和创业者更好地理解商业模式裂变的本质和规律，掌握创新的方法和技巧，从而在激烈的市场竞争中脱颖而出，实现企业的可持续发展。相信本书的出版，定能对中国企业的商业模式创新和转型升级产生积极的推动作用，为中国式现代化和高质量发展贡献一份力量。

是为序。

刘海波[1]

2024 年 7 月 16 日 于北京寓所

---

[1] 刘海波：中国科学院科技战略咨询研究院二级研究员、学术委员会副主任、中国科学院大学公共政策与管理学院/知识产权学院岗位教授、全国知识管理标准化技术委员会委员、中国发展战略学研究会理事、北京市人民政府经济顾问。主要研究领域：知识产权管理、研发成果转化、科技企业经营。出版有《技术经营论》《专利运营论》《管理技术转移》等学术著作和教材。曾荣获中国标准创新贡献奖、中国社会科学院信息与对策奖、全国知识产权领军人才等荣誉。

前　言

无限增长的优秀企业

在当今快速变化的市场环境下，企业面临着前所未有的挑战和机遇。传统的以生产产品为中心的商业模式已经无法满足日益增长和多样化的消费者需求，无法满足企业可持续发展的需求。因此，为了克服传统商业模式的局限性，企业必须进行商业模式创新和裂变，以适应不断变化的市场需求和竞争态势。

毫无疑问，创新和裂变是商业世界的关键词。而实现这两点的关键之一，就是理解和利用"创新式裂变＋裂变式增长"。商业模式是企业如何创造价值并获得利润的方式。创新式裂变，是指企业在保持原有业务模式的同时，创造出一种新的业务模式或者改进现有业务模式的过程。裂变式增长，是指企业将原有业务模式中的部分要素进行拆解、重组和优化，以实现更高效发展的过程。

在飞速变革的商业环境中，企业成功的关键不仅仅在于跟随趋势，更在于领先创新。而商业模式的创新与裂变，就是通过创新和拓展商业模式，使企业能够实现爆发式增长。因此，创新与裂变既是推动商业发展的关键因素之一，也是企业发展的必经之路，涉及企业战略、思维革新、组织结构、创新策略、数字建设、产品服务、网络平台等多个方面。商业模式创新和裂变的必要性和重要性则体现在，适应市场变化、优化资源配置、提高竞争力、拓展新业务领域、实现可持续发展。

通过对商业模式创新与裂变的全新认知与解读，将引领读者进入商业演进的前沿，深入探讨创新商业模式如何成为塑造未来的关键元素。同时，探讨企业如何通过模式裂变实现不断创新，突破传统界限，寻找新的商业机会，迈向无限增长的新高度。

在打造优秀企业的过程中，需要深刻理解市场需求和趋势。通过分析消费者行为和行业动态，企业能够抓住潜在机会，为新的商业模式奠定基础。例如，随着数字时代的来临，企业可以通过互联网、大数据、人工智能等技术手段，助力企业提高产品和服务的智能化水平，实现创新式业务发展。又如，个性定制、共享经济、平台生态等新型商业模式的兴起，为企业开拓了新的盈利途径，实现了裂变式的业务扩张。

优秀企业更需要注重生态系统的构建。通过与合作伙伴建立紧密的服务延伸关系和进行平台布局合作，共同推动全产业链、全生态化的协同发展。这种生态系统的构建能够进一步加速企业裂变，形成良性循环。

在这一过程中，企业必须保持敏锐的洞察力，随时调整商业模式以适应市场变化。灵活性和创新性将成为超级企业不断突破的动力，助力企业实现可持续的无限增长。

本书将剖析企业如何在不断变化的市场中脱颖而出，以及如何通过创造性的商业模式裂变实现可持续增长。在书中，我们将结合具体的案例，揭示企业如何深刻理解市场、创新商业模式、保持灵活性和构建生态系统，从而实现自身的不断超越和可持续的业务增长。

此外，本书也将为读者呈现商业模式创新与裂变的战略性意义，解析它如何成为企业发展的引擎，推动企业在激烈的市场竞争中脱颖而出。

综上所述，商业模式创新与裂变式增长是打造优秀企业、实现企业无限增长的关键步骤。在技术飞速发展和全球市场不断变化的今天，企业必须拥抱变革，不断审视和优化其商业模式。

最后，我们诚邀您深入阅读，共同探索商业模式创新与裂变的奥秘，总结出打造无限增长的优秀企业的关键战略。希望本书能为您提供启示，激发您在商业领域迎接变革、实现可持续增长的智慧与勇气。

目 录

上篇　商业模式裂变的底层逻辑

第一章　数字时代的增长模式与裂变思维 / 2
商业模式的本质从"物以类聚"切换到"人以群分" / 2
商业模式隐藏的底层假设 / 5
无边界思考，着眼赋能上下游 / 9
重构边界，拥抱开放模式 / 13
外部独特性，探索区域新布局 / 16

第二章　商业模式裂变的基础 / 19
价值主张与价值网络 / 19
客户细分与渠道通路 / 24
客户关系与客户体验 / 27
关键资源与合作伙伴 / 30
成本结构与风险管理 / 33

第三章　商业模式冷启动的挑战 / 36

精益式验证商业逻辑的可行性 / 36

建立全新的用户价值认知 / 39

持续调控全要素生产率 / 41

所有参与者获得增量式收益 / 43

机制性穿越经营拐点 / 46

第四章　商业模式裂变中心型组织 / 49

形成团队互联：利用物理和虚拟空间推动跨部门协调 / 49

建立决策流程：以授权开发混合决策结构 / 52

确定运行节奏：实现共享意识与授权执行之间的平衡 / 55

设置联络节点：当好横向协作的"联络人" / 57

建设盈利系统：盈利逻辑层 + 执行支持层 + 杠杆作用层 / 60

第五章　商业模式裂变的驱动力 / 64

技术厚度：科技拓宽了模式选择范围 / 64

群聚创新：从无限创新中拼出"刺刀级产品" / 66

数据驱动：锚定企业"真需求" / 69

数字平台：构建双元数字化创新战略 / 71

智能协同：全价值链的无缝衔接 / 74

第六章　商业模式裂变的创新策略 / 77

迭代式创新保持动态变革能力 / 77

压强式创新实现更纵深的业务与组织创新 / 81

颠覆式创新找到"范式转换"的新路径 / 85

破坏性创新重塑商业模式新格局 / 88

跨领域创新吸引多元化创新生态 / 91

下篇　商业模式裂变落地与实施

第七章　大数据管理，从业务驱动到数据驱动 / 98

夯实数据采集基础，加快业务协同上云 / 98

增强模型有效积累，推动关键业务沉淀复用 / 101

强化解决方案培育，提高企业资源整合效率 / 103

完善数据应用生态，充分挖掘数据要素价值 / 106

打造数字生产体系，产品全生命线的数字主线 / 108

第八章　智能化生产，开启"智造未来"新模式 / 113

智能化生产的三大场景 / 113

智能云：数字化智能转型的基础 / 118

技术进步推动 AI 驶出数据中心 / 120

设计人机创新模式 / 122

"智能 +"是模式创新的主引擎 / 126

第九章　个性化定制，从刚性模式到液态模式 / 129

建立一整套"通用 + 个性"的解决方案 / 129

柔性化生产与制造新模式 / 132

集成应用，多主体围绕产能提升协同共建 / 136

产权共享，分散资源实现有效盘活共利用 / 138

互联互通，数据驱动资源跨区域高效配置 / 141

第十章　共享化制造，面向新经济的制造新模式 / 145

加速企业上云，夯实共享基础 / 145

构建共享机制，完善产业生态 / 148

结构性拆解，实现制造能力共享 / 151

策略性聚焦，实现创新能力共享 / 154

系统性丰富，实现服务能力共享 / 156

第十一章　服务化延伸，实现深度集成的跨层次服务 / 159

企业定位：从制造商向服务商转变 / 159

营销模式：从产品销售向优化服务转变 / 163

提升产品效能服务，增强显性优势 / 166

产业链条增值服务，制造衍生盈利 / 169

综合解决方案服务，提供硬解能力 / 172

第十二章　网络化协同，从单边模式到多边模式 / 176

提升企业敏态竞争力 / 176

从局部孤岛到连通体系 / 180

从串行推进到并行协同 / 183

聚焦业务协作，打造数据贯通体系 / 186

围绕实时响应，打造高效云边协同体系 / 188

第十三章　平台化布局，从归核化到分布式 / 192

企业平台化，员工创客化 / 192

小企业的智能数据平台模式 / 195

逆向打通产业链流量 / 198

去中心化的超级生态平台 / 201

统筹规划平台安全体系，吸引更多企业加入生态圈 / 203

第十四章　生态化融合，打破商业边界的共生模式 / 206

从价值链条到价值网络 / 206

占据一个生态位模式 / 209

生态位低成本平替模式 / 211

多地栖息决定跨边定价战略 / 213

以云平台为基础打造生态化模式 / 216

后　记 / 220

上篇 商业模式裂变的底层逻辑

第一章　数字时代的增长模式与裂变思维

在数字时代，企业的增长模式与裂变思维显得尤为重要。数字化技术为企业提供了无限可能性，但同时也带来了前所未有的挑战。传统的线性增长模式已无法满足当今市场的快速变化，企业需要从裂变思维出发，勇于打破常规，不断尝试新的商业模式。

商业模式的本质从"物以类聚"切换到"人以群分"

高度数字化的时代，商业模式的核心正在经历一次根本性的转变。长期以来，商业模式主要围绕着"物以类聚"的原则，即通过商品或服务的聚集来创造价值。然而，随着技术进步和社会变革，商业模式正在逐渐向"人以群分"的方向转变，即通过精准地满足不同人群的需求来创造价值。这一变化不仅揭示了商业活动的本质，更为企业和创业者提供了新的视角和机遇。

1.商业模式的裂变

商业模式的裂变是指在数字化和网络化的推动下，传统的商业模式正在被打破，新的商业模式正在不断涌现。这种裂变现象可以从以下几个方面来理解：

（1）数字化革命。随着互联网和移动支付的普及，商业活动不再受限于实体店面和传统的销售渠道。线上购物、社交电商、直播带货等新型商业模式层出不穷，使得商业活动更加灵活多样。

（2）消费者消费行为的变化。消费者对商品和服务的选择更加注重个性化和体验感，消费行为也更加多元化和碎片化。这种变化要求企业必须更加精准地洞察消费者需求，提供更加个性化的产品和服务。

（3）共享经济。共享经济模式的出现，如共享单车、共享汽车等，改变了传统商业模式的利益分配方式，使得商业活动更加注重资源的有效利用和社会价值的实现。

（4）去中心化。随着区块链等去中心化技术的发展，商业活动不再受限于传统的中心化组织结构。去中心化的商业模式能够更好地整合资源，降低成本，提高效率。

2. 从"物以类聚"到"人以群分"的转变

在传统的商业模式中，"物以类聚"是主要的原则，即通过将商品或服务聚集在一起，吸引更多的消费者。这种商业模式的特点是规模效应和标准化生产，企业通过降低成本、提高效率来获取竞争优势。然而，随着消费者需求的多样化，这种模式的局限性日益凸显。

为了更好地满足消费者需求，商业模式正在向"人以群分"的方向转变。这种模式的特点是精准定位和个性化服务，即企业通过对消费者进行细分，提供更加符合不同人群需求的产品和服务来获取竞争优势。这种模式的优势在于能够更好地满足消费者需求，提高品牌忠诚度，创造更大的价值。

实现"人以群分"的关键在于数据分析和人工智能技术的应用。通过对消费者数据进行分析，企业可以更精准地洞察消费者需求，从而提供更加个性化的产品和服务。同时，人工智能技术可以帮助企业实现自动化、智能化的服务，提高用户体验和服务质量。除了新兴技术对"人以群分"商业模式的助力外，还有哪些措施有助于实现从"物以类聚"到"人以群分"的转变呢？具体如图 1-1 所示。

跨界合作
企业通过跨界合作，整合不同行业和领域的资源，为特定人群提供全方位的解决方案。

创新产品和服务
针对不同的消费群体，企业需要创新产品和服务，满足他们的个性化需求，包括打造独特的品牌，设计定制化的产品和服务等。

构建社群
通过构建社群，企业可以更好地与目标客户互动，了解他们的需求，为他们提供个性化的产品和服务。

了解目标客户
企业需要通过市场调研、数据分析等方式，深入了解目标客户的需求、兴趣和行为，为"人以群分"奠定基础。

图 1-1　实现从"物以类聚"到"人以群分"的商业模式的转变

3.商业模式创新的挑战与机遇

商业模式创新的概念最早由哈佛大学教授克里斯汀·卡尔森提出，并在其著作《商业模式一代》中有详细阐述。商业模式创新指的是企业通过重新设计商业模式来获得竞争优势和创造更大价值的行为。这包括寻找新的盈利模式、改变价值链，以及对市场需求和消费者行为的深入洞察等。

虽然商业模式创新带来了无限的可能性，但也存在一些挑战和风险。其中最大的挑战是如何在进行创新的同时，确保企业的盈利能力和可持续发展。此外，如何有效地保护知识产权、避免商业模式的抄袭也是企业在进行商业模式创新时面临的重要问题。

商业模式创新带来了巨大的机遇。新型的商业模式可以更好地满足消费者需求，提高品牌忠诚度，从而创造更大的价值；新型的商业模式可以打破传统行业的垄断，为中小企业提供更多的发展机会；新型的商业模式可以推动社会的可持续发展，创造更大的社会价值。

因此，为了抓住这些机遇，企业需要不断地进行商业模式的创新和探索。首先，企业需要深入了解消费者需求和行为特征，从而精准地定位目标人群和提供个性化的产品与服务。其次，企业需要借助数字化和智能化技术，提高生产效率和服务质量。最后，企业需要不断尝试新的商业形态和利益分配方式，来实现社会价值和商业价值的最大化。

总之，在数字化和网络化的推动下，商业模式正在经历一次根本的变革。从"物以类聚"到"人以群分"，不仅是一个简单的概念转换，更是商业逻辑的深刻变革。只有紧跟时代的步伐，不断创新和探索新型商业模式，企业才能以相对轻盈的步伐迈向未来市场。同时，新型的商业模式也为社会的可持续发展和创造更大的社会价值提供无限的可能性，让我们共同期待一个更加美好的未来！

商业模式隐藏的底层假设

商业模式作为企业盈利和发展的基石，隐藏着许多不为人知的底层假设。然而，很多企业在追求创新时，往往只关注表面的商业模式，而忽略了隐藏在其中的底层假设。这些底层假设对于企业的成功至关重要，因为它们决定了企业如何看待市场、消费者和竞争者，以及如何制定战略和决策。因此，商业模式隐藏的底层假设对于企业的成功至关重要。

首先，商业模式隐藏的底层假设决定了企业如何看待市场和消费者。企业的假设会影响其对市场趋势的判断、目标客户的定位以及产品或服务的开发。如果企业的假设与市场需求不符，那么即使商业模式再复杂、再精细，也难以获得成功。

其次，商业模式隐藏的底层假设影响了企业的竞争策略。不同的企业对竞争者的认知不同，有的企业可能认为竞争者是主要威胁，而有的企业可能认为合作是更好的选择。这些不同的认知会影响企业的战略决策，如投资研发、拓展市场等方面。

最后，商业模式隐藏的底层假设会影响企业如何制定决策。有时候企业决策者可能会过于关注短期利益而忽略了长期影响，或者对风险过于谨慎而错失了机会。这些决策往往与企业的底层假设有关，因为底层假设会影响决策者的思维方式和判断标准。

正因如此，为了更好地洞察和应对市场变化，企业需要不断地审视和更新其底层假设。企业需要以开放的心态，主动接受市场的反馈和挑战，并通过数据分析和用户调研，验证其底层假设是否符合市场需求。此外，企业也需要与其他利益相关者保持沟通与合作，以了解他们的需求和期望。

在国内，很多互联网企业的成功得益于对隐藏的底层假设的深刻洞察和创新。例如，拼多多通过"社交电商"的模式，将社交与购物相结合，开创了电商行业的新格局。其底层假设是利用社交网络的力量，通过用户分享、好友助力等方式，降低获客成本，同时提高购物体验。另一个例子是快手，它强调的是普通人的生活记录和分享，其底层假设是每个人都有自己独特的生活故事和价值，而快手平台可以帮助这些普通人展现他们的故事和价值，并获得他人的认可。

国外也有很多值得借鉴的案例。比如，Uber 的商业模式是基于对共享经济的底层假设。Uber 认为，闲置的车辆和司机会形成巨大的潜在资源，利用平台将这些资源整合起来，可以为人们提供更高效、更便捷的出行服务。同时，Uber 也假设消费者愿意为更灵活、更个性化的出行方式支付一定的溢价。又如 Airbnb，其底层假设是人们愿意分享自己的住房资源，并且对于可信的住房分享者会有一定的需求。

可见，无论是国内还是国外，只要在商业领域，成功的商业模式就伴随着深刻的底层假设。这些假设主要反映在以下三个方面，它们构成了企业策略的基石。

（1）市场需求的假设。一项成功的商业模式通常基于对市场需求的理解，然而，这种理解往往取决于假设。如彼得·德鲁克所言："客户并不知道他们需要什么，直到你给他们展示出来。"因此，企业往往建立在对未来市场需求的假设上，这也解释了为什么一些颠覆性创新能够成功，因为它们质疑了传统的市场需求观念。

（2）技术可行性的假设。许多企业依赖尚未完全验证的新技术，将其视为推动商业成功的引擎。然而，技术可能面临变革、市场接受度问题或其他未知挑战，这可能使企业的技术假设变得脆弱。

（3）用户行为的假设。这一点在数字领域表现得尤其明显，其中企业可能假设用户会持续使用其产品或服务，但实际上用户行为可能受到竞争、新兴技术或其他因素的影响。

商业模式的底层假设，不仅决定了企业如何看待市场、消费者和竞争者，还影响了企业的战略决策和市场竞争格局。但是，企业在更新商业模式时也需要谨慎。一方面，新的商业模式需要与企业的核心价值观和市场定位相符；另一方面，企业需要充分考虑资源和能力的匹配，以确保新的商业模式能够顺利实施并获得成功。

综上所述，企业需要不断地审视和更新其底层假设，以保持竞争优势及适应市场的变化。同时，企业也需要谨慎地创新和尝试新的商业模式，以确保其与市场需求和企业价值观的契合度。

在本节我们还要讲一点看似与商业模式隐藏的底层假设不太沾边的内容，就是在当今中国经济形势下，裂变商业模式的重要意义。

裂变商业模式，简单来讲就是通过创新的方式将原有的商业模式进行拆解、重组和升级，以适应不断变化的市场环境和消费者需求。这种模式的变革，不仅推动了企业的快速发展，也促进了整个经济体系的优化升级。

中国经济经历了数十年的高速增长后，面临着转型升级的重要关口。随着全球化的深入发展，以及数字时代的崛起，会使市场竞争日益激烈、消费者需求日趋多样化。在这样的背景下，传统的商业模式已经无法满足市场的需求，必须进行创新变革。但若仅仅是遵循传统路径的变革创新，也是不够的，必须进行裂变式创新，裂变商业模式应运而生。

虽然裂变商业模式在用户思维、平台化运营、数据驱动、创新驱动等层面已经完全与之前的商业模式不同，但其仍然受商业模式隐藏的底层假设的影响，企业在此基础上分析市场和消费者、制定竞争策略和决策机制。

这种架构在商业模式底层假设基础上的模式裂变，对于推动企业发展、促进产业升级和提升国家经济质量都具有重要意义。

首先，裂变商业模式可以帮助企业快速适应市场变化，抓住市场机遇，实现快速发展。通过创新的方式拆解和重组原有的商业模式，企业可以推出更具竞争力的产品和服务，赢得市场份额。

其次，裂变商业模式可以推动整个产业的升级和发展。通过实现资源共享和互利共赢，既可以促进产业链的优化升级，也可以推动整个行业的创新和发展。

裂变商业模式有助于提高国家整个经济体系的质量和效益。通过创新的方式推动商业模式的变革，可以实现资源的优化配置和高效利用，提高经济整体效益。同时，裂变商业模式还可以推动经济的绿色、可持续发展，为未来的经济发展奠定坚实的基础。

总之，裂变商业模式结合商业模式的底层假设，共同推动了企业的快速发展和产业的升级，并提高了整个经济体系的质量和效益。未来，随着技术的不断进步和市场的不断变化，以商业模式底层假设为基础的裂变商业模式，将会展现出更加广阔的应用前景和巨大的发展潜力。

无边界思考，着眼赋能上下游

在当今这个信息爆炸、科技飞速发展的时代，跨界思维已经不再是一个新鲜词。然而，无边界思考，即彻底打破传统思维模式，摒弃行业、领域、职位之间的界限，以更开放、更包容的心态去探索和创造，仍具有极大的实践价值和意义。本节将围绕无边界思考，探讨如何着眼赋能上下游，共创产业新生态。

无边界思考是指企业在思考时必须跳出固有框架，跨越行业、时间、地域乃至思维的界限，寻求商业机会。而赋能上下游，即增强产业链各个环节的竞争力，这是实现商业模式创新与裂变的必由之路。

无边界思考是一种鼓励突破传统思维限制，以更广阔、更创新的视角来看待问题和机遇的思考方式。当这种思考方式应用于商业环境时，可以实现互补品效应，并促使企业更加着眼于上下游产业链。

互补品效应是指两种产品之间存在一种特殊的关系，即一种产品的存在可以提高另一种产品的产量或价值。这种关系导致两种产品的价格和供求关系产生相互影响。当一种产品的需求超过供应时，它的价格会上升，而互补品的价格则会相应下降；反之，当一种产品的供应超过需求时，它的价格会下降，而互补品的价格则会相应上升。

在产品运营战略中，互补品效应常被用来改良消费者对主要产品的看法，通过提升互补品的地位来实现预期的效果。互补品效应有助于推动均衡价格的形成，当市场供不应求时，这种均衡价格可以使消费者和生产者之间达成一致，并促进市场的稳定发展。

无边界思考可以激发企业发现和创造互补品。通过摆脱传统的行业边界和思维定式，企业可以发现新的市场需求和机会，从而开发出与自身产品相互补充的新产品。这些互补品不仅可以增强企业自身产品的吸引力，还可以扩大市场份额和提高客户黏性。

无边界思考可以促进企业与上下游企业的合作。在传统的商业模式中，企业往往只关注自身的生产和销售，而忽视了与上下游企业的合作和协同。然而，无边界思考鼓励企业从更广阔的视角来看待整个产业链，积极与上下游企业建立合作关系，共同开发新产品、优化生产流程、降低成本等。这种合作不仅可以提高整个产业链的效率，还可以促进资源的共享和互利共赢。

这就要求企业必须具备赋能上下游的综合实力。赋能上下游的重要性在于，实现整个产业链的繁荣，带来真正的商业成功。单纯依赖自身的优势而忽略上下游的发展，最终可能导致整个生态的失衡。国内某知名电商企业早些时候依靠低价策略迅速崛起，但在后期发展中并未充分赋能上游供应商和下游物流企业，导致产品质量下降，物流体验不佳，最终影响了企业的长期发展。

而那些能够着眼赋能上下游的企业，往往能够实现商业模式的创新与裂变。例如，某电动汽车制造商通过技术分享与合作，赋能上游供应链企业，推动其共同研发更环保、更高效的电池技术。同时，该公司还与下游充电网络运营商合作，共同建设快速充电桩，提升用户体验。这种无边界思考的方式不仅增强了企业自身的竞争力，还带动了整个产业链的进步。

无边界思考和赋能上下游确实有助于共创新生态，促进产业创新和发展。这种综合性的思考可以推动更广泛的合作，促使不同领域之间的创新交流，为产业带来更多可能性。在实际操作中，企业可以采取多种方式来赋能上下游。

首先是技术分享与研发合作。通过共享资源和技术，帮助上游原材料供应商和下游分销商提高产品品质和降低成本。

其次是构建开放式创新体系。企业应摒弃封闭的创新模式，积极与上下游企业、科研院所、高校等开展合作，共享资源、互补优势，形成开放式创新体系。

再次是搭建产业协同平台。通过搭建产生协同平台，整合上下游资源。例如，利用大数据和云计算技术，建立智能化的供应链管理系统，实现信息共享、协同作业。

最后是强化供应链管理。企业应加强对供应链的管理，以共赢的心态与供应商、分销商等合作伙伴建立紧密合作关系，实现产业链的高效运作。

此外，还有金融支持、人才培养等策略。通过提供融资服务和培训课程，增强上下游企业的运营能力和创新能力。

值得注意的是，企业在赋能上下游的过程中，还需注意平衡各方利益。过度的利益索取可能会破坏合作关系，甚至导致整个生态系统的崩溃。因此，建立公平、透明的利益分配机制至关重要。此外，企业还需关注政策法规、社会责任等，在确保商业模式创新与裂变带来经济效益的同时，还能具有可持续性和社会价值。

标准石油公司在早期就展现了无边界思考的特点。它不仅仅把自己看作一个石油公司，还将其业务范围扩展到与石油相关的各个领域，包括炼油、化工、运输和零售等。这种无边界的思考方式使得标准石油公司能够识别和开发与石油产品互补的业务，从而创造出更多的商业价值。

标准石油公司还通过技术创新和研发来推动互补品效应。投入大量资源用于研发新的石油产品和相关技术，以提高石油的利用效率和价值。这些创新的产品和技术不仅增强了标准石油公司的核心竞争力，还为其带来更多的商业机会。

此外，标准石油公司也非常注重与上下游企业的合作。在上游，与石油勘探和生产商建立紧密的合作关系，确保原油的稳定供应。通过参与勘探和开发项目，标准石油公司能够控制更多的石油资源，从而增强其在市场上的竞争力。在下游，标准石油公司积极与零售商和运输公司合作，确保其产品能够顺利进入市场。这种合作不仅提高了产品的分销效率，还降低了成本，使得标准石油公司的产品在市场上更具竞争力。

因此，标准石油公司通过无边界思考和着眼于上下游的策略，成功地带动了互补品效应。这种策略不仅提高了其自身的竞争力，还推动了整个石油行业的进步和发展。

在商业模式创新与裂变的道路上，无边界思考和赋能上下游是相辅相成的理念。只有不断突破思维界限，勇敢尝试新的商业模式，同时又注重与上下游企业的共赢共生，企业才能在激烈的市场竞争中立于不败之地。

在未来的商业世界中，随着科技的发展和消费者需求的变化，商业模式将更加多元化和灵活。企业需保持敏锐的市场触觉和创新能力，不断调整和优化商业模式。而那些能够持续进行无边界思考并有效赋能上下游的企业，将在不断变化的市场环境中脱颖而出，引领行业的变革与发展。

最后需要强调的是，商业模式创新与裂变并非一蹴而就的过程，它需要企业家们的远见卓识、团队的协作努力以及社会的支持与包容。在无边界思考的视角下，企业需勇敢面对挑战、抓住机遇，与上下游共同成长、共创未来。只有这样，才能真正构建一个繁荣、和谐的商业生态系统，为社会的可持续发展注入源源不断的动力。

重构边界，拥抱开放模式

在高度互联的世界中，企业边界逐渐模糊，开放模式成为一种新的发展趋势。重构边界、拥抱开放模式，意味着企业需重新审视自身定位，打破传统框架束缚，与外部资源深度融合，从而创造更大的价值。

在过去的经济发展模式中，边界设定在一定程度上保护了国内产业和市场，但也限制了企业和产品的竞争力。随着全球经济一体化的推进，原有的边界设置已经不能适应新的发展需求。重构边界，就是要打破过去的束缚，让企业和产品在更广阔的舞台上竞争，从而提升整体竞争力。

开放模式是一种积极面对全球化挑战的态度，要求企业以全球视野看待问题，积极参与国际合作和竞争。拥抱开放模式，有利于企业充分利用国际资源，引进先进技术和管理经验，提升自身创新能力。同时，开放模式还有助于我国企业走向世界，拓展国际市场，提升国际影响力。

华为近年来大力推行开放生态战略，不仅在技术研发、产品创新上保持领先，更在构建跨界合作、产业协同方面取得了显著成果。

华为积极打造跨界合作的生态系统。在硬件方面，华为与多家汽车制造商合作，共同开发智能网联汽车技术。在软件与应用方面，华为云为各类企业提供大数据、人工智能等服务，助力各行业实现数字化转型。同时，华为还与内容提供商、应用开发商等广泛合作，为用户提供丰富的生态系统体验。

此外，华为在全球化进程中积极拥抱各国当地产业。通过与当地企业共同合作、研发，华为成功融入欧洲、非洲、拉美等地的产业链。这种深度融入当地市场的战略，不仅加速了华为全球化布局，也带动了当地产业的发展。

华为的开放生态战略为企业带来多重优势。首先，跨界合作有助于企业突破传统业务瓶颈，开拓新的增长点。通过与不同行业的领军企业合作，华为不断拓展产品线和服务领域，实现了持续的高速增长。其次，开放模式有助于企业快速响应市场变化、提升竞争力。在全球范围内整合资源、优化配置，华为能够迅速应对市场需求和技术变革，确保自身始终处于行业前沿。最后，拥抱开放模式还有助于企业降低风险、增强抗逆能力。通过多元化合作和全球化布局，华为有效地分散了经营风险，使其在经济波动、贸易摩擦等外部压力下仍能保持稳健发展。

华为的案例充分展示了重构边界、拥抱开放模式的巨大潜力和价值。对于中国企业而言，要实现可持续发展和全球竞争力的提升，必须勇于突破传统边界，开展跨界创新与合作。

重构边界、拥抱开放模式不仅是战略选择，更是生存和发展的必由之路。在数字经济时代，企业间的竞争已不再是单打独斗的较量，而是生态圈之间的协同作战。只有那些敢于突破、善于整合内外资源的企业，才能在激烈的市场竞争中立于不败之地。为此，中国企业在重构边界、拥抱开放模式的过程中需要注意以下几点：

（1）有明确的目标定位和愿景规划。企业应清楚自身的发展目标，以及能够为合作伙伴带来什么，从而有针对性地开展跨界合作。

（2）注重选择合适的合作伙伴。企业应综合考虑合作伙伴的实力、信誉、业务匹配度等多方面因素。

（3）建立有效的沟通机制和合作流程。在跨界合作中，由于各方背景、文化和业务模式的差异，难免会出现摩擦和冲突，因此建立有效的沟通机制和合作流程就显得尤为重要。

（4）提高知识产权保护意识。企业必须提高知识产权保护意识和水平，激发企业内部创新活力，助力产业升级。

（5）深化国际合作。企业应加强与世界各国的经济技术交流，推动国际产能合作，实现共同发展。

此外，保持顺畅的沟通渠道、制定明确的合作规则至关重要。而且，优化营商环境、推动贸易自由化、培育新兴产业等也非常重要。同时，政府也逐步出台了一些相关政策鼓励企业加大研发投入、参与国际标准制定、加强知识产权保护等，以提升中国企业的整体竞争力。

综上所述，通过跨界创新和深度合作，中国企业将能够更好地应对市场挑战、抓住发展机遇、创造更多价值。在这个过程中，不仅企业自身将得到提升和进步，整个中国经济也将因此变得更加繁荣和强大。

外部独特性，探索区域新布局

随着全球化和信息化的深入发展，企业面临的竞争环境日益复杂多变。为了在这样的环境中脱颖而出，企业不仅需要打造内部的核心竞争力，更需要关注外部环境的独特性，并据此重新布局。这种"外部独特性，探索区域新布局"的策略，意味着企业需要洞察外部环境变化，灵活调整自身的战略布局，来适应不断变化的市场需求。

外部独特性的关键在于企业如何理解和利用不同地域的特点，包括文化、市场需求、法规环境等方面的考量。通过深入了解每个区域的独特性，企业能够更好地定制产品和服务，提高满足当地客户需求的能力。

区域新布局不仅是扩大业务范围，更是一种战略上的重新定位。企业需要审慎选择目标区域，考虑到该地市场的成熟度、增长潜力以及潜在的风险。这种精细化的区域规划有助于企业更有针对性地开展市场推广和销售活动，提高市场占有率。

字节跳动最初的成功来自其独特的内容推荐算法。这种算法能够根据用户的兴趣和行为精准推送内容，从而大大提高用户的黏性和活跃度。但字节跳动并不满足于此，它开始将这种算法能力应用于不同的区域和市场，不断探索新的布局。

在海外市场，字节跳动积极布局，推出了多款针对海外用户的产品，如 TikTok、Helo 等。这些产品不仅继承了字节跳动一贯的内容推荐优势，还针对海外市场的特点进行了本地化运营和推广。例如，TikTok 在海外市场的成功，与其在青少年中的高人气密不可分。其通过与当地知名的网红和音乐人合作，推出了许多受年轻人喜爱的内容，从而迅速占领了市场。

除了海外市场，字节跳动在国内市场的布局也非常值得关注。除了今日头条、抖音等核心产品外，字节跳动还推出了多款垂直细分领域的产品，如西瓜视频、懂车帝、图虫等。这些产品在各自的领域内都取得了不俗的成绩，进一步巩固了字节跳动在国内市场的地位。

在探索区域新布局的过程中，字节跳动还非常注重与当地政府、企业和用户的合作与沟通。例如，在推出新产品或服务前，字节跳动通常会与当地的相关机构进行深入的沟通与合作，以确保产品和服务能够得到当地政府和用户的认可支持。这种积极的合作态度，也让字节跳动在拓展新市场时更加得心应手。

除了合作与沟通，字节跳动在区域布局中还非常注重当地文化的融入。无论是内容推荐算法的优化，还是产品功能的设置，字节跳动都会充分考虑到当地用户的需求和文化特点。这种对当地文化的尊重和融入，也让字节跳动在区域市场的竞争中更具优势。

从字节跳动的案例中可以看出，"外部独特性，探索区域新布局"的策略对于企业的发展至关重要。通过深入洞察外部环境的独特性，灵活调整自身的战略布局，企业不仅可以更好地满足市场需求，还可以拓宽更广阔的市场空间。

当然，"外部独特性，探索区域新布局"的策略并不是一蹴而就的过程，需要企业持续关注外部环境的变化，不断调整和创新自身的战略和业务模式。同时，在探索区域新布局的过程中，企业还需要建立紧密的合作伙伴关系，如可以与当地企业、政府机构、行业协会等合作。通过与当地社区建立良好的关系，企业能够更好地融入当地市场，避免文化差异和法规问题可能带来的挑战。

当企业能够探索新的区域布局并打造出独具特色的经营文化时，往往能够在竞争激烈的市场中脱颖而出。

经营文化是企业核心价值观和行为准则的体现，反映了企业的独特性和个性。当企业能够塑造出一种与众不同的经营文化时，就能够吸引和留住那些与其价值观相契合的人才和消费者。这种文化既有助于提升员工的归属感和忠诚度，也能够增强消费者对品牌的认同感和忠诚度。

然而，这一过程并非一帆风顺。企业需要面对不同地域的复杂性和多样性，需要在管理、营销和供应链等方面做出相应调整。此外，也需要在组织文化上进行改革，以适应新的战略方向。

综上所述，通过深入了解各地市场，利用裂变企业模式，以及建立强有力的合作伙伴关系，企业能够更好地应对挑战，实现可持续增长。这不仅是一场市场扩张，更是对企业自身创新和适应能力的一次深刻挑战。

第二章　商业模式裂变的基础

未来，随着市场的不断变化和科技的持续发展，商业模式裂变仍将继续演绎出更多精彩的故事。对于企业和企业家而言，如何抓住这些变化和机会，打通创新商业裂变的基础，实现商业模式的创新与裂变，将是他们面临的重要挑战和机遇。

价值主张与价值网络

商业模式裂变的核心基础之一，在于构建强大的价值主张与价值网络。企业想要在竞争激烈的市场环境中获得持续的成功，就必须深入理解价值主张和价值网络的概念，并在此基础上进行商业模式的创新。

价值主张是企业向客户传达的利益和独特价值的关键元素，而价值网络则是支撑这一主张的复杂体系。

1. 价值主张

在价值主张方面，企业需要深刻了解客户的需求，通过独特的产品或服务满足这些需求。通过过程创新和不断优化，企业能够不断提升其价值主张，从而吸引更多客户。例如，通过个性化定制、技术创新或可持续性特点，企业能够打破传统模式，提供独一无二的价值主张。

因此，价值主张可以简单地理解为，企业为客户创造价值的主张，是企业商业模式的核心。价值主张强调企业必须关注客户的需求痛点，并据此提供有针对性的解决方案。

一个成功的价值主张应具备以下特点：

（1）差异化。企业应了解竞争对手的不足，并据此为客户提供独特的产品或服务，使企业在市场上与众不同。

（2）可信度。企业应具备实现价值主张的能力和资源，让客户相信企业能够满足他们的需求。

（3）吸引力。企业应了解客户的需求和价值观，并据此设计出能够吸引他们的价值主张。

企业在设计价值主张时必须考虑以下几个方面：

（1）目标市场。企业应明确目标市场的需求和特点，为不同市场的客户提供差异化的价值主张。

（2）竞争环境。企业应了解竞争对手的价值主张，避免直接竞争，并能以己之长克彼之短，用最有利的方式找到并打造新的市场机会。

（3）资源和能力。企业应具备实现价值主张所需的资源和能力，如人才积累、技术支撑、品牌引领、渠道打通等。

此外，价值主张也是蓝海战略的核心，它定义了企业为客户提供的独特价值和意义，从而引导企业进入新的市场领域。

蓝海战略是一种追求全新市场空间的战略思维，要求企业摆脱现有市场的竞争束缚，通过创新的价值主张来创造未被开发的市场需求。

一个清晰、独特的价值主张能够帮助企业明确自身的市场定位，并与竞争对手区分开来。通过深入了解客户的需求和痛点，企业可以开发出满足这些需求的产品或服务，并以此为基础构建自己的蓝海战略。

通过价值主张形成蓝海战略需要企业具备前瞻性的市场洞察力和强大的执行力。企业需要时刻关注市场变化和技术发展趋势，以便及时调整自身的价值主张和战略方向。同时，企业还需要具备强大的执行力，将价值主张转化为具体的产品和服务，并有效推向市场。

2. 价值网络

在构建价值网络方面，企业需要考虑与各方合作，从而实现更大范围的共同利益。这可能涉及供应链的整合、合作伙伴关系的建立以及数字化技术的运用。通过建立强大的价值网络，企业可以更灵活地适应市场变化，并利用合作伙伴的资源和能力。

因此，构建价值网络就是构建企业与供应商、合作伙伴、分销商等利益相关者之间的合作关系网络。一个高效的价值网络能够提高企业的竞争力，降低成本，加速创新。

构建价值网络的关键在于以下几点：

（1）合作伙伴选择。企业应根据自身的战略目标和资源状况，选择能够提供互补资源和能力的合作伙伴。

（2）网络协同。企业应促进各利益相关者之间的信息共享和协同合作，以提高整个网络的效率。

（3）风险管理。企业应采取有效的风险管理措施，降低自身与合作伙伴的不确定性和风险。

在构建价值网络时，企业应注意以下几个方面：

（1）网络结构。企业应分析自身的核心能力和资源状况，设计合理的网络结构，以实现资源的最佳配置。

（2）互动关系。企业应加强与合作伙伴之间的互动关系，建立互通、互联、互信和共赢的合作机制。

（3）动态调整。企业应根据市场环境和自身战略的变化，动态调整价值网络的结构和成员关系。

因此，裂变的关键在于打破传统商业模式的束缚，通过创新和合作构建更强大的商业生态系统；要求企业不仅专注于提供产品或服务，还要深度参与整个价值网络。通过对市场的敏锐洞察和对技术趋势的把握，企业可以找到裂变的契机，实现商业模式的颠覆性变革。

上述观点，与著名广告人詹姆斯·韦伯·扬提出的"魔岛理论"不谋而合。"魔岛理论"强调创意的突发性和不可预测性，与价值网络中的创意产生和传播机制有着密切的关联。在价值网络中，不同的利益相关者与价值创造活动相互关联和交互，共同创造价值。这些交互过程可能会产生新的创意和想法，而这些创意和想法就像是"魔岛"一样在人们的脑海中突然浮现。通过价值网络的传播机制，这些创意可以得到更广泛的传播和应用，从而实现更大的价值创造。

价值网络强调多个利益相关者共同参与价值创造的过程，而韦伯·扬的理论则强调了人们的主观性和创造性在价值创造中的重要性。在价值网络中，不同的利益相关者通过合作和共享，共同创造出更大的价值。这种共创过程需要各方发挥自己的主观性和创造性，以提供独特的资源和能力。同时，共创的价值也需要通过共享机制在利益相关者之间进行分配和传递，以实现各方的共赢。

因此，韦伯·扬的理论提醒我们，在价值网络的运行过程中，要保持开放的心态和灵活的思维，以应对各种突发的挑战和机遇。

3. 案例分析

为了更好地理解价值主张和价值网络在商业模式裂变中的作用，以下通过几个实践案例进行具体分析。

爱彼迎（Airbnb）的价值主张是为旅行者提供不同于传统酒店的住宿体验，其价值网络是通过连接旅行者和空闲房源来提供服务。Airbnb 的成功在于其独特的价值主张和高效的价值网络，使其在短时间内成为全球最大的在线短租平台之一。

特斯拉的价值主张是提供高性能、高环保的电动汽车，其价值网络则是整合电动汽车产业链的各个环节。特斯拉的成功在于其卓越的产品设计和创新能力，以及高效的供应商合作关系，使其成为电动汽车市场的领导者。

阿里巴巴的价值主张是为中小企业提供一站式的电子商务解决方案，其价值网络是整合供应链、物流、支付等环节。阿里巴巴的成功在于其完善的生态系统和服务体系，使其成为全球最大的电子商务平台之一。

精彩集团（FAB）的价值主张是创新、卓越和可持续发展，致力于通过不断的技术创新和产品升级，为消费者提供高质量、高性能的产品和服务。其价值网络更是涵盖了研发、生产、销售、服务等多个环节，形成了完整的产业链。通过与合作伙伴的紧密合作，FAB 能够快速响应市场需求，为消费者提供更好的产品和服务。

通过以上案例可以看出，成功的商业模式离不开独特的价值主张和高效的价值网络。企业应根据市场需求和竞争环境的变化，不断创新和调整自身的商业模式，以适应市场的发展和变化。在未来的商业竞争中，谁能够更好地满足客户的需求并构建高效的价值网络，谁就能获得更大的竞争优势和发展空间。

总的来说，商业模式裂变的成功基础在于不断地优化价值主张，构建强大的价值网络，并与各方紧密合作。通过这种方式，企业能够在激烈的市场竞争中脱颖而出，实现持续创新与发展。

客户细分与渠道通路

菲利普·科特勒、凯文·莱恩·凯勒、亚历山大·切尔内夫在《营销管理》一书中提出客户细分理论：客户细分是根据消费者的特征、需求、消费行为等因素将市场划分为若干个具有相似特征的子市场。这种细分的目的是更好地满足不同消费者的需求，从而提高市场占有率和客户满意度。[①]

《营销渠道管理》（Ken Rolnicki, S. Balasubramanian, 2011）一书提出了渠道通路理论：渠道通路指的是企业将产品或服务传递给消费者的途径和方式。在商业模式裂变的过程中，渠道通路的变化对于企业的商业模式创新具有重要影响。[②]

商业模式裂变作为当今商业领域中备受关注的现象，其背后的驱动力主要来自市场环境的变化以及科技的快速发展。在此背景下，理解商业模式裂变的基础——客户细分与渠道通路，就显得尤为重要。本节将详细探讨这两个方面，并揭示它们如何为商业模式的裂变提供土壤。

1. 什么是客户细分

在商业模式中，客户细分指的是根据消费者的特征、需求、消费行为等因素，将市场划分为若干个具有相似特征的子市场。这种细分的目的是

[①] 菲利普·科特勒，凯文·莱恩·凯勒，亚历山大·切尔内夫，著．营销管理 [M]．陆雄文，蒋青云，赵伟超，徐倩，许梦然译．北京：中信出版社，2022．

[②] 罗森·布罗姆，著．营销渠道管理 [M]．李乃和，等译．北京：机械工业出版社，2003．

更好地满足不同消费者的需求，从而提高市场占有率和客户满意度。随着市场的多样化和消费者需求的个性化，客户细分的重要性越发凸显。企业通过对市场进行细致的划分，可以更精准地定位目标客户，为其提供定制化的产品或服务，从而获得竞争优势。

共享单车市场之所以能够在短时间内迅速崛起，很大程度上得益于客户细分的精准定位。共享单车企业通过对用户出行需求、消费习惯以及使用场景的深入挖掘，将目标用户主要定位于年轻白领和学生群体。针对这一群体，共享单车企业提供了便捷、环保的出行方式，满足了他们短途出行的需求。

为了更好地满足客户需求，共享单车企业进一步进行了客户细分。例如，针对不同用户群体的出行习惯和需求，推出了不同的产品和服务。对于短途通勤的白领，他们更注重出行的便捷性和舒适度，因此共享单车企业提供了具备良好骑行体验和便捷停放功能的单车；而对于校园内的学生，他们更注重出行的经济性和趣味性，因此共享单车企业推出了优惠活动和定制化的骑行体验，增强了用户黏性。

通过这样的客户细分策略，共享单车企业不仅精准地满足了目标客户的需求，还进一步提高了市场占有率和品牌影响力。

由此可见，在商业模式裂变的过程中，客户细分的作用主要体现在两个方面：①为企业提供对市场更为细致的理解，帮助企业找到商业模式创新的切入点。通过深入研究消费者的需求和痛点，企业能够开发出更符合市场需求的产品或服务，甚至创造全新的市场空间。②有助于企业更有效地分配资源，提高运营效率。通过对不同的客户群体采取差异化的营销策略和服务方式，企业可以在满足客户需求的同时降低成本。

2. 渠道通路在商业模式裂变中的作用

渠道通路指的是企业将产品或服务传递给消费者的途径和方式。在商业模式裂变的过程中，渠道通路的变化尤为显著。随着互联网和移动互联网的普及，传统的实体渠道逐渐被线上渠道替代，电子商务、社交媒体等新型渠道不断涌现。这些新兴渠道不仅改变了消费者购买产品或服务的方式，而且为企业的商业模式创新提供了广阔的空间。

小米的成功在很大程度上归功于其创新的渠道通路策略。在传统手机市场主要由实体门店占据的背景下，小米另辟蹊径，通过线上渠道进行销售。利用互联网的传播效应，通过官方网站、电商平台以及社交媒体等渠道，将产品直接展示给消费者，减少了中间环节，降低了不必要的成本。同时，这种线上销售的模式使得小米能够更好地掌握消费者需求和反馈，快速调整产品设计和营销策略，提高运营效率。

除了线上渠道的创新，小米还注重与消费者的互动和沟通。利用社交媒体平台，如微博、微信等，与消费者建立直接的联系，及时了解消费者的需求和建议。这种互动不仅有助于提高品牌忠诚度，还为小米的产品创新提供了宝贵的参考意见。

通过这样的渠道通路策略，小米迅速崛起成为手机市场的佼佼者，不仅成功地降低了成本，提高了运营效率，还通过与消费者的互动和沟通拓宽了市场空间。

由此可见，在商业模式裂变的过程中，渠道通路的作用主要体现在三个方面：①新兴渠道为企业提供了更高效、更低成本的销售方式。同时，通过大数据和精准营销等技术手段，企业可以更精准地定位目标消费者，提高销售效率。②新兴渠道为企业提供了与消费者互动和沟通的新机会，可以通过及时了解消费者的反馈和需求，与消费者建立长期的互动关系，这对于维护客户关系、提高品牌忠诚度具有重要意义。③新兴渠道可以帮助企业拓展海外市场。通过电子商务平台或社交媒体等渠道，企业可以迅速打入国际市场，降低进入门槛和风险。同时，借助跨境电商等新型模式，企业可以更好地满足海外消费者的需求，提高市场占有率和品牌影响力。

总而言之，客户细分与渠道通路作为商业模式裂变的基础，为企业提供了理解市场变化和创新商业模式的视角。在客户需求多样化、市场环境日新月异的今天，企业要想在竞争中脱颖而出，必须对市场进行深入的细分研究，并积极开拓新型的渠道通路。同时，随着科技的不断进步和数字化转型的加速，商业模式裂变仍将持续演进。未来的商业模式将更加注重与科技、数据和创新的结合，以满足不断变化的消费者需求和市场环境。对于企业而言，不断关注市场动态、探索新的客户细分与渠道通路，将是实现商业模式创新和裂变的关键所在。

客户关系与客户体验

Gartner最早提出"客户关系管理"（CRM），是指企业通过技术、流程和人员来管理和分析与客户的互动和数据，以提高客户关系质量、增加客户满意度和促进销售增长。客户关系管理现已成为企业管理中不可或缺的一部分。

在 *Harvard Business Review* 等期刊中有"客户体验管理"（CEM）的相关论述。客户体验管理是指企业通过全面管理和优化客户接触点，来提升客户在产品或服务使用过程中的感受和满意度。

在市场竞争激烈的环境下，客户关系的维护与客户体验的提升已经成为企业制胜的关键。很多成功的企业，正是因为在客户关系与客户体验方面做出了卓越的实践，而实现了商业模式的裂变。本节将深入探讨客户关系与客户体验的重要性，并结合实际案例，阐述它们如何推动商业模式的创新与变革。

商业模式是企业如何创造价值并获取利润的方式，而客户关系与客户体验则是这种价值创造的源泉。在许多成功的商业模式中，可以看到客户关系的深化与客户体验的优化对商业成功的重要作用。一方面，良好的客户关系能增强客户对企业的忠诚度，使企业在激烈的市场竞争中保持稳定的客源。同时，深入了解客户需求，可以为企业提供更有针对性的产品与服务创新方向，从而进一步满足市场变化。另一方面，优质的客户体验能提升客户满意度，为企业赢得口碑，从而带来更多的潜在客户。当客户感受到的价值超越了他们的期望时，他们就更可能成为企业的长期拥趸，并通过口碑为企业带来更多客户。

星巴克的成功源于其对客户关系与客户体验的高度重视。星巴克通过建立会员体系，深入了解客户的消费习惯与喜好，为不同客户提供个性化的推荐与服务。同时，星巴克注重营造温馨的门店环境，让客户在享受优质咖啡的同时，还能感受到舒适的文化氛围。这种以客户为中心的经营实践，使得星巴克在咖啡市场中独树一帜，实现了商业模式的持续创新。

亚马逊作为全球领先的电子商务平台，其在客户关系与客户体验方面的努力也是值得称道的。亚马逊通过大数据分析，精准地为客户提供了个性化的推荐，极大地提高了购物体验。同时，亚马逊还建立了完善的售后服务体系，为客户解决各种问题提供便利。这种以客户为中心的经营模式，使得亚马逊在电商领域持续领先，为商业模式裂变创造了可能。

小米的商业模式同样离不开其对客户关系与客户体验的重视。小米注重与粉丝的互动，通过线上社区让用户参与到产品研发和设计中来。这种与用户的紧密联系使得小米能够快速获取用户需求和反馈，进而进行有针对性的产品创新。同时，小米的产品设计注重用户体验，致力于提供高性价比的产品。这种以用户为中心的经营理念，推动了小米商业模式的成功裂变。

通过以上案例可以看出，无论是传统企业还是互联网公司，成功的商业模式都离不开对客户关系与客户体验的重视。这些企业通过深化客户分析、优化客户体验，不断推动商业模式的创新与变革，实现了商业价值的持续增长。

（1）客户分析。①市场细分。充分识别不同市场细分下不同用户群体的需求和特征，有助于精准定位目标客户群体。②人口分析。研究客户购买决策、偏好和行为模式，以及社会趋势，有助于企业制定有针对性的战略。③数据分析。利用大数据和分析工具，深入挖掘客户数据，发现潜在的市场趋势，为未来决策提供实质性支持。

（2）客户体验。①全渠道体验。确保客户在多个渠道都能获得一致的品牌体验，无论是线上、线下还是移动端，客户都期望得到相同水平的服务和品质。②个性化服务。基于客户数据，为客户提供量身定制的产品推荐、服务和沟通，增强客户满意度和忠诚度。③反馈机制。设立有效的反馈渠道，倾听客户的建议和批评，及时调整和改进业务流程，提高服务质量，增强客户关系。

商业模式裂变不仅要求企业在客户层面有深刻的了解和灵活的应变能力，还需要创新思维的驱动。推动组织采用创新思维，挖掘新的商业模式，是适应市场变化和赢得竞争的关键。数字化转型是实现商业模式裂变的一项关键战略。通过利用数字技术和信息系统的先进功能，企业可以提高业务效率、缩短决策时间，从而更好地适应不断变化的市场环境。此外，构建强大的生态系统也是商业模式裂变的一部分。与合作伙伴、供应商和客户之间建立紧密的关系，共同创造价值，有助于企业形成可持续的竞争优势，推动商业模式的不断演进和裂变。

总之，对于企业而言，要实现商业模式的裂变，就必须树立以客户为中心的经营理念。在此基础上，通过各种方式深化与客户的联系，了解客户需求与反馈，以便更好地满足市场变化。同时，注重优化客户体验，提供超出客户期望的产品与服务。最后，结合企业实际情况与市场环境，不断创新与变革商业模式，来适应不断变化的市场需求，实现长期的竞争优势。

关键资源与合作伙伴

商业模式裂变是一项复杂的任务，企业要想取得成功，不仅需要关注自身的资源和能力，还需要与合作伙伴建立紧密的关系。通过有效利用关键资源，并与合作伙伴共同创造价值，企业能够更好地应对市场挑战，实现持续发展。

关键资源包括物质资产、技术专长和人才，它们共同构成了企业的核心竞争力。善用这些资源，企业可以在市场上找到差异化优势，从而实现商业模式的裂变。

与此同时，建立紧密的合作伙伴关系也是成功裂变的关键。合作伙伴可以提供补充性资源和能力，加速创新和业务拓展。这种协作不仅有助于降低成本，还能在激烈的市场竞争中创造共赢局面。有效的合作伙伴网络使企业能够更灵活地适应市场变化，从而为商业模式的裂变创造更多机会。

1.关键资源在商业模式裂变中的价值

关键资源是指企业在实现商业模式过程中所需要的重要资源和能力。这些资源可以是实体资产、技术、品牌、渠道、人力资源等，也可以是知识产权、数据、客户关系等无形资产。关键资源对于企业的成功至关重要，它们是企业获得竞争优势、实现商业模式创新的基础。

苹果的商业模式裂变离不开其对关键资源的有效利用。苹果的关键资源包括其强大的品牌、创新能力、设计能力和全球化的销售网络。同时，苹果注重研发和创新，拥有大量专利技术和知识产权。这些资源使得苹果能够推出具有影响力的产品，如iPhone、iPad和Mac，并持续引领市场潮流。这些关键资源也让苹果在与全球各地供应商的长期合作中占据了主动，确保了其零部件的稳定供应。

2.合作伙伴在商业模式裂变中的价值

合作伙伴是指与企业在价值网络上互补、共同创造价值的其他企业（或个人）。在现代商业模式中，与合作伙伴建立紧密的关系尤为重要。通过与合作伙伴的协作，企业可以弥补自身资源和能力的不足，共同应对市场的挑战和机遇。

阿里巴巴的商业模式裂变得益于其强大的平台能力和与众多合作伙伴的紧密合作。阿里巴巴平台通过搭建一个庞大的电商平台，与数百万的卖家和数亿买家建立了紧密关系，形成了一个生态系统。在这个生态系统中，各方可以发挥自身优势，实现共同成长。同时，阿里巴巴还与物流公司、金融机构等合作伙伴进行深度合作，为各方提供更全面的服务，提升客户体验。

3.关键资源与合作伙伴的互动关系

关键资源与合作伙伴之间存在密切的互动关系。一方面，企业通过自身拥有的关键资源吸引合作伙伴，为双方创造价值提供基础。另一方面，与合作伙伴的紧密关系可以帮助企业获取更多资源，提升自身的能力和竞争力。

特斯拉的成功归功于其对关键资源的有效利用和与合作伙伴的共赢关系。特斯拉注重技术创新和研发能力，拥有先进的电动汽车技术和自动驾驶技术。同时，特斯拉又通过先进的技术和创新能力，吸引了电池制造商、充电设备供应商和汽车经销商等合作伙伴。这些合作伙伴为特斯拉提供了关键资源，帮助其实现商业模式的创新和市场扩张。而且，特斯拉还通过与这些合作伙伴的互动和资源分享，提高了自身的技术水平和市场竞争力，共同推动了电动汽车市场的发展。

从以上案例可以看到，关键资源与合作伙伴已经成为商业模式裂变的重要基础。企业要想在激烈的市场竞争中获得优势并实现持续发展，必须注重对关键资源的获取和利用，并与合作伙伴建立紧密的关系。通过与合作伙伴的协作和创新，企业能够更好地应对市场挑战和机遇，实现商业价值的持续增长。

总之，这种以关键资源和合作伙伴为基础的商业模式创新，使得企业能够推出具有影响力的产品，快速适应市场变化，并持续引领市场潮流。任何希望在激烈竞争中脱颖而出的企业，都必须深入理解这一理念，并将其融入日常经营，不断探索和优化自身的商业模式。只有如此，企业才能紧跟时代步伐，实现商业价值的持续增长。

成本结构与风险管理

成本结构体现了企业运营的效率和效益，而风险管理则关乎企业的稳定性和可持续发展。有效的成本管理和适当的风险控制能推动商业模式的优化和变革，进而实现商业价值的增长。

1. 成本结构的合理设计至关重要

成本结构是企业在生产、销售、管理等环节产生的成本构成和比例。合理的成本结构能够提高和增强企业的盈利能力和竞争力，让企业更好地应对市场挑战，抓住发展机遇。

企业在裂变过程中需要明晰每个环节的成本，并确保其在可控范围内。通过精细的成本管理，企业能够优化资源配置、提高效益，为商业模式裂变创造更有利的条件。成本的合理控制不仅能够增加企业的灵活性，还能为企业新业务模式的推进提供资金支持。

ZARA 作为全球知名的快时尚品牌，其成功的秘诀之一就是高效的供应链管理和低成本、快速响应市场的策略。ZARA 注重优化设计、生产、运输等环节的成本结构，通过集中采购、快速生产、低库存等手段降低成本，同时保持产品的时尚性和品质。此外，ZARA 还通过高效的供应链管理降低了库存积压的风险，保证了运营的稳定性和可持续性。这种成本结构的优化使得 ZARA 在市场上取得了竞争优势，实现了商业模式的成功裂变。

2. 风险管理是一项不可或缺的策略

风险管理是指企业识别、评估、控制风险的过程。有效的风险管理能够降低企业的风险敞口，提高企业的稳定性和可持续性，为企业赢得更多的发展机会。

裂变往往伴随着市场变化和新业务模式的试错，因此企业需要具备对各类风险的敏感性和应对能力。通过建立健全风险管理体系，企业可以在裂变的过程中更好地应对不确定性，减轻潜在风险对业务的冲击，确保裂变的平稳进行。

金融科技企业通常面临着信用风险、市场风险等多种风险。通过技术手段降低运营成本，提高服务效率；同时，建立完善的风险管理体系，对各种可能出现的风险进行及时的识别和评估后，制定有效的风险控制策略，减少潜在损失。这些风险管理策略为金融科技企业的持续发展和商业模式的创新提供了有力的保障。

3. 成本结构与风险管理的联合运作

优化成本结构可以为风险管理提供更多的资源和空间，提高企业抵御风险的能力；良好的风险管理有助于降低成本，提高企业的经济效益。

在成本结构方面，企业可以通过精简运营流程、提高生产效率和寻找成本共享的合作伙伴等方式来降低成本。降低企业成本，不仅有助于提升企业的竞争力，还能为新业务模式的推广提供更有力的支持。

在风险管理方面，企业应建立全面的风险识别机制，注重对市场、技术、法规等多方面风险的监控和分析，以及时调整战略，减少不确定性对企业的冲击。

航空公司通常面临油价波动、市场需求变化等多种风险。通过优化采购、运营等环节的成本结构来降低成本，以应对油价波动带来的风险；同时，建立完善的风险管理体系，有助于减少市场需求的波动对企业经营的影响，从而保持盈利的稳定性和可持续性。

从以上分析可以看出，无论是传统行业还是新兴领域的企业，在商业模式的裂变中都需要关注成本结构和风险管理。在商业模式裂变的过程中，企业需要平衡好成本和风险之间的关系。合理的成本结构和有效的风险管理相辅相成，共同为企业的裂变提供坚实的基础。通过不断优化成本和精细化风险管理，企业能够更好地适应市场变化，实现商业模式的可持续裂变。

第三章　商业模式冷启动的挑战

商业模式冷启动是企业创业过程中最具挑战性的阶段之一。在这个阶段，企业面临着许多困难和障碍，其中最主要的挑战是验证商业模式的可行性和市场需求。因此，在冷启动阶段，企业需要精心设计商业模式，确保其能适应市场需求和竞争环境。

精益式验证商业逻辑的可行性

由创业家埃里克·莱斯（Eric Ries）提出的精益创业（Lean Startup）理论，主要强调通过快速构建、衡量和学习的循环来缩短产品开发周期，发现和验证商业模式。

随着市场竞争的加剧，商业逻辑的可行性对于企业的成功至关重要。精益式验证商业逻辑的可行性，以创新思维为核心，对商业模式的各个环节进行严谨分析和评估，从而确保企业在最短的时间内实现商业成功。

商业逻辑是指企业在经营过程中所遵循的基本原则和方法，它包括盈利模式、市场定位、产品策略、运营管理等各个方面。一个科学、合理的商业逻辑是企业持续发展、实现盈利的基础。在市场竞争日趋激烈的今天，企业需要对商业逻辑进行不断的优化和调整，以适应市场变化，提高经营效益。

精益式验证是一种以事实和数据为基础，对商业逻辑进行严谨分析和评估的方法。它要求企业从以下几个方面进行思考：

（1）市场需求。企业需要对目标市场进行深入调查，了解消费者的需求和痛点，以确保产品或服务能够满足市场需求。

（2）竞争态势。企业需要对竞争对手进行分析，了解其优劣势，以便制定有针对性的市场策略。

（3）盈利模式。企业需要设计合理的盈利模式，确保企业在运营过程中能够实现持续盈利。

（4）运营管理。企业需要对内部运营管理进行有针对性的优化，以提高经营效率，降低运营成本。

（5）创新思维。在解决问题和开展工作中，要能够跳出传统思维模式，提出新颖观点和解决方案的思维方法。

精益式验证作为一种有效的策略，可以帮助企业快速验证商业逻辑，降低风险，提高成功率。下面通过一个国内案例来详细论述精益式验证商业逻辑的可行性。

一家新兴企业决定进入共享单车市场。该公司拥有一支强大的技术团队，并开发了一款独特的共享单车App。然而，在商业模式、产品定位、目标用户等方面，公司管理层存在不同的看法。为了快速验证商业逻辑的可行性，该公司决定采用精益式验证的方法。具体验证过程如下：

第一步——确定核心假设。通过App提供方便、快捷的共享单车服务，能够吸引大量用户并实现盈利。基于这一假设，公司确定了几个关键指标，用户增长率、活跃度、留存率以及转化率。

第二步——MVP（最小化可行产品）开发。为了快速验证核心假设，公司决定开发一个MVP版本的App，它包含最基本的功能，如扫码开锁、计费、导航等。同时，公司与几家供应商合作，采购了少量共享单车进行测试。

第三步——用户反馈与迭代。MVP版本上线后，公司通过社交媒体、地推等方式吸引了一批早期用户。通过与用户的交流和数据分析，公司发现了一些问题，如定位不准确、开锁成功率低等。针对这些问题，公司迅速进行迭代优化，改进了App的性能，提高了用户体验。

第四步——扩大规模与验证商业模式。随着用户规模和活跃度的增长，公司开始尝试通过广告、合作等方式实现商业化。经过一段时间的运营，公司发现广告收入和品牌合作成为主要的收入来源。同时，公司进一步优化了运营策略，如调整计费标准、推出优惠活动等，实现了正向现金流。

通过精益式验证的方法，该共享单车企业成功验证了其商业逻辑的可行性。在短短几个月内，该公司不仅获得了大量用户，还实现了盈利。这一案例充分证明了精益式验证在商业逻辑可行性方面的有效性。

总之，精益式验证商业逻辑的可行性是一种科学、严谨的方法，要求企业以创新思维为导向，对商业模式的各个环节进行深入分析和评估。通过精益式验证，企业能够在最短的时间内实现商业成功，并为持续发展奠定坚实的基础。在未来的市场竞争中，具备精益式验证能力的企业将更具竞争优势，因为这些企业可以快速发现问题、降低风险、提高成功率。

建立全新的用户价值认知

由 MIT 斯隆管理学院的埃里克·冯·希普尔（Eric von Hippel）提出的用户参与创新（User Innovation）理论，强调用户可以成为创新的重要来源，并可以参与产品设计和创新过程。

在当今激烈的市场竞争中，对用户价值的认知已经成为企业核心竞争力的重要组成部分。企业如何准确把握用户需求，提升用户价值认知，已成为关乎企业生死存亡的关键因素。

随着科技的发展，用户需求日益多样化、个性化。企业为了在市场中取得优势，必须深入了解用户需求，发现用户的真实需求，并根据用户的需求建立全新的用户价值认知。在商业模式的冷启动阶段，企业缺乏品牌认知度和用户基础，需要从零开始建立用户信任和认知。以下是国外一家大型电商企业建立全新用户价值认知的案例分析。

Zalando 是一家总部位于德国的跨境电商平台，在市场上拥有广泛的用户基础。随着竞争加剧，Zalando 意识到建立独特的用户价值认知至关重要。在经过一系列的市场调查和分析后，Zalando 发现用户在购物过程中变得更加注重个性化、便捷性和安全性。于是，Zalando 决定从这三个方面入手，建立全新的用户价值认知。

首先，针对个性化需求，Zalando 推出了个性化推荐服务。通过利用大数据技术分析用户的购物历史、浏览记录和喜好，为用户推荐了更适合他们的商品。同时，Zalando 还允许用户根据个人喜好定制商品，如定制特定颜色的衣服、特定规格的电子产品等。通过这些措施，Zalando成功满足了用户的个性化需求，提升了购物体验。

其次，针对便捷性需求，Zalando推出了多种便捷服务。例如，开发了一款智能客服机器人，让它自动回答用户的问题、提供商品信息和完成售后服务。此外，Zalando还与物流公司合作，实现了快速配送和精准送达。这些措施大大提高了用户的购物便捷性，节省了他们的时间和精力。

最后，针对安全性需求，Zalando加强了数据安全保护和隐私保护措施。Zalando采用先进的数据加密技术和安全防护措施来确保用户数据的安全性。同时，Zalando还加强了隐私政策的透明度和可读性，让用户更清楚地了解自己的数据如何被使用和保护。这些措施大大提高了用户对Zalando的信任度，增强了用户的安全感。

通过以上措施的实施，Zalando成功建立了全新的用户价值认知，在市场中取得了优势。其个性化推荐服务满足了用户的个性化需求；智能客服机器人和快速配送服务提高了用户的购物便捷性；数据安全保护和隐私保护措施增强了用户的安全感。这些举措有效地提升了用户体验，从而增加了用户的忠诚度和满意度。

更为重要的是，在全新的用户价值认知中，Zalando不仅要满足用户需求，还要与用户共同创造价值。Zalando通过搭建平台，引入用户参与产品设计、研发、营销等环节，让用户成为企业价值的共创者。

从以上案例可以看出，建立全新的用户价值认知需要企业在市场调查和分析的基础上，深入挖掘用户的真实需求，并根据用户的需求进行产品和服务的设计与优化。只有这样，企业才能在激烈的市场竞争中脱颖而出，赢得用户的青睐和信任。

总之，建立全新的用户价值认知观，是企业提升竞争力的必然选择。企业要紧跟时代发展趋势,洞察用户需求,并为其提供个性化服务,要与用户共同创造价值,实现跨界融合,不断拓宽用户价值边界。只有深入理解并不断满足用户的价值需求的企业,才能够彻底化解商业模式冷启动过程中的艰难挑战,从而长期占据市场竞争的有利地位。

持续调控全要素生产率

在新时代背景下,我国经济发展已由高速增长阶段转向高质量发展阶段。全要素生产率作为衡量经济发展质量的重要指标,关系到国家经济可持续发展的核心问题。持续调控全要素生产率,不仅是推动经济转型升级的关键举措,更是实现高质量发展的必由之路。而且,在商业模式冷启动阶段,企业面临着巨大的生存压力,这就要求企业必须尽快提高全要素生产率,以确保盈利和持续发展。

全要素生产率(Total Factor Productivity,TFP)是指在一定时期内,各生产要素(包括劳动、资本、土地等)综合作用所创造的单位投入产出比。它反映了经济增长的质量和效益,是衡量一个国家或地区经济发展水平的重要指标。全要素生产率的提高,意味着在投入不变的情况下,产出的增加,或者在产出不变的情况下,投入的减少。这有助于优化企业的资源配置,提高企业的经营能力和经营效益,增强企业的综合竞争力。

既然提高全要素生产率是实现经济增长和提高竞争力的关键,那么持续调控全要素生产率就意味着企业需要不断地优化资源配置、改进技术和管理,以提高生产效率。国内一家制造企业在这方面做得非常成功,下面将通过案例详细论述其做法。

某大型制造企业是国内领先的机械装备制造商。近年来，随着市场竞争加剧和原材料成本上升，该企业意识到提高全要素生产率的重要性。为了保持竞争优势，该企业采取了一系列措施来持续调控全要素生产率。

首先，注重技术研发和创新。在产品研发方面，该企业不断投入大量资金，积极引进先进技术，提高了产品质量和性能；同时，与高校、科研机构建立了合作关系，通过共同研发新技术和新产品，推动了产业升级。这些措施使企业在技术上保持领先地位，提高了生产效率和产品附加值。

其次，优化生产流程和管理体系。通过引入先进的生产管理系统和智能化设备，该企业实现了生产流程的自动化和数字化。这不仅提高了生产效率，还减少了人工误差和浪费；同时，推行精益生产理念，注重细节管理，通过持续改进生产过程中的问题，实现了持续优化。

此外，该企业还注重人才培养和员工培训。为了提高员工的技能和素质，企业定期开展各种培训课程和技能提升计划；同时，还建立了完善的激励机制和晋升通道，以激发员工的积极性和创造力。通过人才培养和员工培训，提高了员工的专业水平和工作效率，为企业的可持续发展提供了有力支持。

最后，注重供应链管理和合作伙伴关系，与供应商建立了长期稳定的合作关系，这就确保了原材料的稳定供应和质量可靠。同时，该企业还通过与合作伙伴共同研发、降低成本等方式，实现了资源共享和优势互补。这些措施有助于降低企业的采购成本和运营风险，进一步提高全要素生产率。

通过以上措施的实施，该制造企业成功地持续调控了全要素生产率，并提高了整体生产效率和市场竞争力。

总而言之，持续调控全要素生产率是企业在商业模式冷启动阶段取得成功的关键。通过明确市场定位与创新研发、优化资源配置与生产流程、加强合作伙伴关系与员工培养，企业可以快速适应市场变化，并提高运营效率，降低成本，从而在激烈的市场竞争中脱颖而出。同时，持续调控全要素生产率也有助于企业建立长期竞争优势，为未来的发展奠定坚实的基础。

所有参与者获得增量式收益

规模效应带来的边际收益递增是指在商业模式冷启动阶段，企业需要关注所有参与者的利益和价值创造。只有当所有参与者都能获得增量式收益时，才能形成一个健康、可持续的商业模式和生态系统。这与微观经济学中的边际效益和规模经济相关。

在商业世界中，传统的商业模式往往侧重于最大化利润，而忽视了其他利益相关者的利益。然而，随着社会的进步和消费者观念的转变，越来越多的企业开始意识到，一个成功的商业模式不仅要为自己创造价值，还要为所有参与者创造增量式收益。

在商业模式的冷启动阶段，企业需要明确自己的核心价值和定位，并以此为基础构建整个商业模式。这个阶段的关键在于找到一个有吸引力的市场机会，并利用有限的资源快速验证商业模式的可行性。为了实现这一目标，企业需要重点关注与市场、价值、分配和优化相关的四个方面（见图3-1）。

商业模式裂变：大变革时代中国企业创新密码

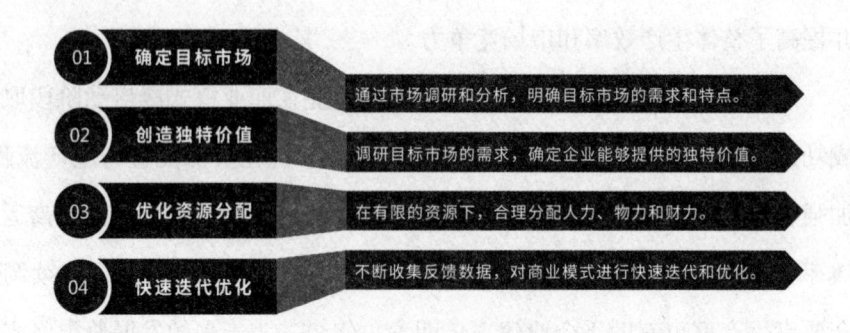

01	确定目标市场	通过市场调研和分析，明确目标市场的需求和特点。
02	创造独特价值	调研目标市场的需求，确定企业能够提供的独特价值。
03	优化资源分配	在有限的资源下，合理分配人力、物力和财力。
04	快速迭代优化	不断收集反馈数据，对商业模式进行快速迭代和优化。

图 3-1　企业在商业模式冷启动阶段需要关注的四个方面

当商业模式经过冷启动阶段并取得一定成功后，企业需要进一步扩大规模并实现持续增长。此时，商业模式裂变成为关键。以下是商业模式裂变的几个方面：

（1）横向拓展。随着企业规模的扩大，可以通过横向拓展来增加产品线或扩大市场份额。例如，某咖啡连锁品牌在成功推出咖啡产品后，进一步推出了茶饮、点心等系列，满足了消费者更多元化的需求。

（2）纵向整合。在产业链上下游进行整合，控制关键资源或提升价值网络。例如，某服装品牌在生产领域进行纵向整合，通过自建工厂或收购工厂，提高了产能和品质控制。

（3）平台化转型。将企业从一个单一的产品或服务提供商转变为一个平台，通过聚集多方资源来实现共赢。例如，某电商平台通过聚集商家和消费者，并为他们提供交易、支付、物流等全方位服务，实现了平台化转型。

（4）生态圈构建。通过与多个利益相关者合作，构建一个完整的生态系统，以提供更全面、更持续的价值。例如，某智能硬件企业通过与内容提供商、服务提供商等合作，构建了一个智能硬件生态圈，为用户提供了更丰富的产品和服务体验。

以共享单车为例，这是一个典型的通过商业模式创新实现快速增长的行业。在共享单车出现之前，城市出行主要依赖公共交通和私人汽车。然而，随着城市化进程的加速和人们环保意识的提高，共享单车作为一种便捷、绿色的出行方式迅速走红。

在商业模式冷启动阶段，共享单车企业一般是通过投放一定数量的单车来吸引用户，并通过智能锁和互联网技术实现车辆的远程控制和管理。这种模式解决了传统单车租赁中存在的停车困难、借还不便等问题，从而为用户提供了更加便捷的服务。同时，企业通过与政府、商业地产等合作，以获得更多的投放场地和资源，从而快速扩大市场份额。

在商业模式裂变阶段，共享单车企业开始横向拓展业务。比如，推出不同系列的产品，从普通的共享单车到专为学生设计的校园单车、适合老年人的休闲单车和为远途骑行准备的共享电动车等。这些新产品满足了不同用户群体的需求，进一步提高了市场份额。同时，企业还通过纵向整合来提升价值链。例如，部分共享单车企业开始涉足车辆制造领域，通过自主研发和设计新一代的单车来提升产品质量和竞争力。此外，部分企业还尝试平台化转型和生态圈构建。例如，共享单车平台开始与周边的餐饮、零售等商家合作，来为消费者提供更多元化的服务；同时，与第三方开发者合作，推出更多与出行相关的应用和服务。这些举措不仅丰富了平台的服务内容，还吸引了更多的用户和利益相关者参与其中，共同推动行业的快速发展。

通过以上分析可以看出，企业必须在商业模式的冷启动和裂变过程中注重所有参与者的利益和价值创造。只有当所有参与者都能获得增量式收益时，才能形成一个健康、可持续的商业模式和生态系统。在实践中，企业可以根据实际经营状况，选择合适的策略实现这一目标，来为企业的可持续发展奠定基础。

机制性穿越经营拐点

在商业世界中,企业常常会面临各种拐点,如市场变化、技术革新或政策调整等。面对这些拐点,企业需要具备一种"机制性穿越"的能力,即通过内部机制的调整和优化,迅速应对外部环境的变化,从而顺利穿越经营拐点。

"机制性穿越经营拐点"强调的是企业应对外部环境变化的能力和灵活性。通过商业模式的设计、裂变和创新,企业可以不断适应市场变化,并抓住发展机遇。

华为成立于1987年,经过数十年的发展,已经从一个小型的交换机进口商成长为全球领先的信息与通信技术(ICT)解决方案供应商。在这一过程中,华为成功地穿越了多个经营拐点,其机制性的应对策略值得深入探讨。

1. 冷启动阶段:技术创新与聚焦

华为在成立初期,虽然面临着国内电信行业的封闭状态和国外企业的激烈竞争,但华为凭借其创始人的独特眼光和团队的艰苦努力,紧紧抓住了改革开放的大好机遇。其冷启动阶段的策略主要是技术创新和市场聚焦。

技术创新。创始人任正非非常注重技术创新,认为这是企业生存和发展的根本。华为在成立之初就设立了研发部门,并投入了大量资源进行技术创新。随着技术的发展和市场需求的不断变化,华为始终保持敏锐的市场洞察力，不断推出具有竞争力的产品。

市场聚焦。在冷启动阶段，华为明确将目标市场聚焦在中国内地的电信行业。通过深入了解国内电信市场的需求和特点，华为决定提供定制化的解决方案，之后逐渐树立起了良好的口碑。

2. 商业模式裂变：多元化与全球化

随着中国电信市场的逐步开放和全球化的加速，华为开始面临新的拐点。其商业模式开始裂变，主要体现在多元化和全球化两个方面。

多元化。随着技术的不断进步和市场需求的多样化，华为开始涉足更多的领域，如移动通信、企业业务、消费者业务等。在这一发展过程中，华为不断进行内部创新和外部合作，逐步形成了多元化的业务格局，从而能更好地抵御单一市场的风险。

全球化。为了更好地参与国际市场竞争，华为开始实施全球化战略。这不仅包括在海外设立研发中心、生产基地和销售机构，还与全球的运营商、政府和企业建立了合作关系，共同推动信息与通信技术的普及和应用。华为的全球化战略不仅提高了其国际市场份额和品牌影响力，还为其带来了更广阔的视野和更多的发展机遇。

3. 机制性穿越：灵活应对与持续创新

面对市场的快速变化和技术革新的挑战，华为始终保持着灵活的应对策略和持续的创新动力。

灵活应对。无论是国际市场的政治风险、贸易摩擦，还是技术领域的专利诉讼、网络安全问题，华为都能够迅速调整策略，并采取有效的措施化解风险。这得益于其内部的决策机制、组织架构和企业文化等多方面的优势。

持续创新。华为始终坚信"创新是企业发展的不竭动力"。因此，无论是在产品研发、生产技术，还是在商业模式上，华为都持续投入大量资源进行创新。这使得华为能够始终保持在行业的前沿，抓住市场变化的先机。

4. 未来展望：生态合作与可持续发展

面对未来，华为已经明确了其发展目标和创新方向，即更加注重与产业链上下游合作伙伴建立生态系统，共同推动信息与通信技术的进步和应用。同时，华为也将可持续发展作为自己重要的战略方向，致力于在环境保护、社会责任和企业治理等方面做出更大的贡献。

华为通过机制性地穿越经营拐点，实现了从一个小型交换机进口商到全球信息与通信技术解决方案供应商的华丽转身。其成功的背后是技术创新、市场聚焦、多元化、全球化、灵活应对和持续创新等多种因素的共同作用。对于其他企业而言，华为的发展历程提供了宝贵的经验。

在实践中，企业可以根据自身情况和市场环境，灵活运用商业模式冷启动和裂变的策略，不断优化内部机制和提高外部环境的适应性。这样，企业就能更好地应对各种拐点挑战，实现可健康持续的发展。

第四章　商业模式裂变中心型组织

随着全球化、数字化和技术的发展，企业的运营和协作方式正在发生深刻变化。商业模式裂变中心型组织，强调通过形成团队互联、建立决策流程、确定运行节奏、设置联络节点、建设盈利系统，来成为现代企业发展的关键驱动力。

形成团队互联：利用物理和虚拟空间推动跨部门协调

在日益复杂和全球化的商业环境中，团队互联目标的实现离不开对物理和虚拟空间的巧妙运用，通过创造合适的环境促进更紧密的团队合作。

团队互联使企业内部不同部门、不同地域的团队之间建立起紧密、高效的协作关系。这种关系的建立，不仅有助于提高企业整体运营效率，还能激发创新，从而增强企业竞争力。

例如，某全球性消费电子企业，为了应对快速变化的市场需求，采取了项目制管理方式。不同部门、不同地区的团队被整合到一个个项目中，通过紧密的协作，共同完成产品从研发到上市的全过程。这种方式极大地提高了企业的响应速度和市场竞争力。

物理空间是指企业的实体办公环境，而虚拟空间则包括线上协作工具、数字平台等。有效利用这两种空间，可以打破部门壁垒，加强团队之间的交流与合作。

物理空间的设计和利用，如开放式办公环境、共享工作区和跨团队项目空间等都是有效的方式，能够消除传统组织结构中的障碍，使得不同部门的成员更容易互动和合作。物理空间的创新设计能够刺激创意和沟通，从而推动团队协同工作的效率和质量。

虚拟空间的运用让团队不再受制于地理位置的限制，因此虚拟协作工具和在线平台已成为推动跨部门协调的有力工具。视频会议、实时聊天、共享文档等工具使得团队成员可以随时随地进行互动和合作，无论彼此之间的地理距离有多远。

如今，一些先进的制造业企业，通过建立数字化生产线，实现了生产部门与其他部门间的实时信息共享。这不仅提高了生产效率，还促进了跨部门的协同创新。同时，采用诸如微信、QQ等线上协作工具，使分布在不同地区的团队实时沟通，提高了协作效率。

在团队互联的过程中，信息的流动与透明度至关重要。只有当各部门都能及时获取到其他部门的工作动态和信息时，才能做出快速响应，实现高效的跨部门协调。

许多企业通过建立内部信息平台或使用数据分析工具，实现了信息的快速流通和透明化。例如，某大型零售企业利用数据分析工具，来实时监控各门店的销售数据和市场趋势，使得商品部门能迅速调整货品结构，从而与市场动态保持同步。又如，某食品连锁企业通过物理和虚拟空间的结合，让各分店与总部、供应链、市场等部门保持紧密沟通，确保了每一份食物都能达到高品质标准。

谷歌在其商业模式中高度重视团队互联和跨部门协调。它通过强大的内部协作平台和数据分析工具，实现了各部门的无缝对接和高效协作。这种模式使得谷歌能够快速响应市场变化，不断推出创新的产品和服务。

Facebook 利用其虚拟空间优势，构建了一个庞大的社交网络平台。通过这一平台，让公司内部各团队能实时获取用户反馈和市场动态，并迅速作出调整。这种高效的团队互联和跨部门协调模式，使 Facebook 在全球社交媒体市场中保持了领先地位。

从以上案例可以看到，成功的商业模式裂变中心型组织都注重团队互联和跨部门协调。它们利用物理和虚拟空间打破了部门壁垒，加强了信息流动与透明度，从而实现了高效的运营和创新。

综合物理和虚拟空间，企业可以建立起一个全面的团队互联体系。通过在物理空间中创造开放和协作的氛围，再结合虚拟空间的便利工具，企业能够突破部门壁垒，实现更加高效和灵活的团队协同。这种全方位的互联模式使得知识共享、跨部门创新成为可能，能为企业带来更多机遇和竞争优势。

无论是物理空间的团队互联，还是虚拟空间的团队互联，都离不开 Allocating Authority（分配权限），只有合理分配权限，将企业内部的层级架构改造为扁平式架构，才能达成真正的团队互联。也就是说，一切建立在非分配权限基础上的都是"伪团队互联"，必须是建立在分配权限的扁平式架构基础上的才是团队互联的达成。

之所以有上述结论，是因为分配权限时，扁平式框架确实更容易达成团队互联。扁平化管理的核心特点在于减少管理层级，加快决策流程，并提高信息的流通效率。在扁平化框架中，各个部门和员工之间可以更加直接和高效地进行沟通和协作，有助于更好地分配权限和确保团队之间的有效互连。

具体来说，扁平化管理通过减少中间管理层级，能使得决策更加迅速和灵活。这意味着当需要分配权限时，可以更加直接地找到相关的负责人或团队成员，从而减少因层级过多而导致的决策延迟和信息失真。此外，扁平化框架还鼓励团队成员之间的跨部门合作和信息共享，这有助于打破部门壁垒，促进团队之间的协同工作。

因此，在分配权限时，扁平式框架通过减少管理层级、加快决策流程和提高信息流通效率，更容易达成团队互联。

总体而言，形成团队互联是推动跨部门协调的关键。通过物理和虚拟空间的有机结合，再加上在扁平式架构中分配权限，企业可以打破传统组织结构的束缚，激发出团队协同的潜力，从而为创新和发展创造更为有利的条件。

建立决策流程：以授权开发混合决策结构

中心型组织结构旨在通过集中决策和资源分配，来提高效率和响应速度，因此其决策流程通常涉及高度集中的决策过程。在这种结构中，决策权集中在高层管理者手中，他们负责制定战略方向，分配资源和协调各部门的工作。这种决策流程的优势在于能够统一组织目标，确保资源得到最有效的利用，并实现规模经济。

然而，完全中心化的决策流程存在明显的局限性。首先，高度集中的决策过程必然会导致决策僵化，缺乏灵活性，不能更好地应对外部变化和迅速作出调整。有时候高层管理者无法充分了解地方的具体情况，因此有些决策可能会不符合实际需求。其次，中心型组织会抑制创新，削弱基层员工，并让部门缺乏自主权，这就导致企业难以开展创新活动或尝试新的商业模式。

为了克服中心型组织的局限性，一些中心型组织开始探索混合决策结构，来结合集中决策和分散决策的优势。这种结构旨在平衡集权与分权的关系，既确保统一战略的实施，又给予基层足够的自主权进行创新和调整。

混合决策结构的核心在于授权，通过适当的权力下放，可以实现决策效率和灵活性的平衡。现代管理理论和实践的先驱玛丽·帕克·弗莱特在20世纪早期就提出了赋能授权的概念，强调授权对于企业员工的重要性。她认为通过给予员工更多参与决策的权力，可以追求企业的整体利益。授权意味着将决策权力和责任转移到更接近客户或问题的一线团队。通过授权，组织可以更快地响应市场变化，提高决策质量，并激发基层的创新精神。例如，某知名连锁零售企业通过给各分店经理授权，使其能够根据当地市场需求调整商品组合和促销策略，提高了分店的运营效率和客户满意度。

因此，赋能授权不仅消除了妨碍员工更有效工作的障碍，而且释放了员工的潜力，使他们能够在从事自己的工作时行使更多的控制权。弗莱特的这一观点在她的著作《动态管理》（1924）中得到了进一步的阐述。她强调了权力下放和参与式决策的重要性，认为这是实现有效组织的关键。她认为，传统的命令和控制管理方式会限制员工的创造力和动力，而全方位授权又可能让管理失控。因此，赋能授权作为结合授权与控权于一体的混合决策结构，能够有效激发员工的积极性，促进团队合作，并最终提升组织的绩效。

例如，华为采用的"大平台+小前端"的架构就体现了混合决策结构的理念。华为将资源集中在强大的平台（大平台），以支持前端业务部门（小前端）的创新和快速响应市场变化。这种结构允许前端团队根据市场需求灵活调整策略，同时确保了整个组织在平台支持下实现协同效应。

又如，美国的空军学院（USAFA）是一个高度集中但又高度分权的组织。学院将教育政策、预算和战略规划等关键职能集中在校方手中，以确保统一的教育标准和质量。然而，在具体的教学和课程安排方面，学院会赋予教职员工高度的自主权。这种混合决策结构使得空军学院既能够保持教育标准的统一性，又能够鼓励教学方法和课程设置的创新。

通过结合集中与分散的决策优势，中心型组织可以实现商业模式的裂变。裂变式商业模式是通过不断细分市场、优化产品和服务，来实现持续的创新和增长的。在混合决策结构下，中心型组织可以更好地整合内外部资源，发现并抓住市场机会，推动商业模式的变革与升级。开发混合决策结构的步骤如下：

（1）明确组织的战略方向。确定哪些决策需要集中管理，以保持战略一致性，哪些决策可以授权给基层团队。

（2）分析决策需求。对各类决策进行分析，了解其重要性和对组织的影响，以确定哪些决策适合集中管理，哪些决策适合授权给基层团队。

（3）设计决策流程。根据分析结果，设计适当的混合决策流程，包括确定哪些决策需要在高层管理团队的指导下进行，哪些决策可以授权给基层团队自主决策。

（4）培训与沟通。为确保决策流程的顺利实施，需要对相关人员进行培训，以确保所有层级的管理者和员工都明白新的决策流程及其意义。

（5）持续改进与调整。在实施过程中，定期评估决策流程的效果，收集反馈，并对流程进行必要的调整和改进。

总之，中心型组织面临的主要问题是，如何在保持统一战略的同时，鼓励创新和应对市场变化。通过实施混合决策结构，中心型组织就可以找到集权与分权的平衡点，从而激发组织的创新活力，实现商业模式的裂变。未来的中心型组织将更加注重构建灵活的决策流程和混合决策结构，以适应不断变化的市场环境和社会需求。

确定运行节奏：实现共享意识与授权执行之间的平衡

在商业模式裂变的中心型组织中，运行节奏是一个关键要素。涉及组织内部的协调与配合，效率和响应速度，以确保各部门工作同步，从而实现整体效率的最大化。

要实现有效的运行节奏，组织需要在共享意识与授权执行之间取得平衡。一方面，共享意识能够强化组织成员间的共识和合作意愿；另一方面，授权执行则会给予成员在决策和行动上的自主权。

1.共享意识：确保组织内部的协同一致

在中心型组织中，共享意识意味着所有成员都深刻理解并认同组织的使命、价值观和战略目标。通过培养共享意识，组织能够确保成员在行动上保持一致，从而减少内部摩擦和资源浪费。

某大型跨国公司在全球范围内推广其品牌理念和战略目标时，就特别强调共享意识的培养。该公司通过内部培训、沟通会议等方式，确保了各级员工对其品牌理念和战略目标有深入的理解。这不仅增强了员工的归属感和使命感,还有助于在全球范围内实现更高效的资源配置和协同工作。

2. 授权执行:提升组织的适应性和敏捷性

中心型组织在快速变化的市场环境中要做到快速响应,就需要在合适的时机进行授权执行。授权执行是在共享意识的基础上,给予组织成员一定的决策权和资源调配权。通过授权执行,组织赋予员工一定的决策权和资源调配权,使他们能够在日常工作中迅速作出决策,并适应市场变化。因此,组织可以更好地适应外部环境的变化,并提高自身的适应性和敏捷性。同时,授权还能够激发员工的积极性和创新精神,促进组织内部的创新活动。

某零售企业相信,基层团队最了解市场和客户需求,因此,在各分店店长中实施授权,使其能够在商品调配、促销策略等方面进行自主决策,以快速响应本地市场的需求。这种授权执行的方式不仅提高了分店的运营效率,还增强了员工的责任感和工作动力。

3. 实现共享意识与授权执行的平衡

要在中心型组织中实现有效的运行节奏,需要在共享意识与授权执行之间取得平衡。这需要组织在以下几个方面进行考虑和努力:

(1)目标的可测性。设定清晰、可衡量的目标是建立平衡的基础。要确保每个团队成员都理解组织的长期目标,并将其分解为可操作的短期目标,以维护整体的运行节奏。

(2)目标的共享性。通过共享目标,团队成员不仅能够对工作的意义和方向有更深入的理解,还能促进协同努力。

(3)建立有效的沟通机制。通过定期的内部沟通会议、培训、团队建设等活动,来加强成员间的交流与合作,并以此提高团队的共享意识。

(4)透明度与开放性:建立开放、透明的沟通机制,使得信息能够自由流动，有助于构建共享意识，减少信息不对称的风险。

（5）合理授权。根据组织的战略目标和业务需求，为各级员工分配适当的决策权和资源调配权。同时，建立有效的监督机制，定义每个团队成员的责任范围和相应的执行权限，以确保决策能够在合适的层级进行，并避免信息滞后和执行迟缓。

（6）培养员工的自主管理能力。通过提供培训和发展机会，鼓励员工提高自身的专业能力和管理水平。这将有助于他们在授权范围内更好地履行职责。

（7）及时反馈与调整。对组织的运行情况进行定期评估，收集成员的反馈意见，对不合理的环节进行调整和改进，以保持运行节奏的顺畅。

（8）学习与优化。将反馈机制与学习机制结合，倡导持续优化和改进的文化，以确保团队在不断学习中保持适应性。

综上所述，要在商业模式裂变的中心型组织中实现有效的运行节奏，需要在共享意识与授权执行之间取得平衡。通过综合考虑目标设定、沟通机制、授权执行和反馈调整等多个方面，组织能够更好地适应外部环境的变化，即提高了自身的适应性和敏捷性。同时，这种平衡也有助于激发员工的积极性和创新精神，促进组织的持续发展。

最后需注意：这些策略不是刚性的规则，而是需要根据团队特点和工作环境的变化进行调整，以确保持续的平衡和团队的高效运作。

设置联络节点：当好横向协作的"联络人"

在中心型组织中，横向协作至关重要，这决定了组织内部的沟通效率、决策速度以及整体运营效果。设置联络节点是组织实现横向协作的关键环节。通过设置联络节点，中心型组织能够更好地整合资源、提高决策效率和加强部门间的沟通与合作。

联络节点通常被称为"联络人"，是协调不同部门或团队之间合作的"中间人"，能促进信息的流通，并解决可能出现的冲突或问题。

联络人在中心型组织中扮演着重要的角色。他们通常具有广泛的跨部门联系和协调能力，能够促进不同部门之间的信息交流和合作。联络节点的职责包括以下方面：

（1）沟通桥梁。联络人负责在不同部门之间建立有效的沟通渠道，以确保信息的准确传递和共享。他们需要定期与其他部门进行交流，了解彼此的需求和问题，并协调解决方案。

（2）资源整合。具有全局视野的联络人，能够识别和整合组织内部的资源，通过协调和匹配不同部门的资源和能力，可以促进资源的高效利用和共享。

（3）冲突调解。当不同部门之间出现矛盾或问题时，联络人负责进行调解和解决，通过客观分析问题、寻求共识和平衡各方利益，来推动问题的顺利解决。

（4）监督执行。联络人负责对横向协作的进展进行监督，以确保合作项目的顺利进行，关注合作进展情况，能及时发现和解决潜在问题，并确保合作成果的达成。

某大型制造企业为了提高内部协作效率，决定在各部门之间设置联络节点。该企业选择了几个关键部门的负责人作为联络人，并给予他们额外的职责和权力，以促进跨部门合作。以下是该企业联络节点的具体实践：

实践一：设立联络人团队。企业从各部门挑选出经验丰富且具备跨部门协调能力的员工担任联络人,并组成一个专门的团队。这些联络人不仅保持原有部门的运营管理职责,还要承担起跨部门协调的职责。

实践二:明确联络人职责。企业明确了联络人的职责范围和工作要求。联络人不仅需要定期与其他部门进行沟通,了解需求和问题,并协调资源解决问题,还需要关注各部门的协同效率和整体效益,以确保资源的有效利用。

实践三:建立联络人网络。企业建立了一个联络人网络,包括商品采购、物流、销售、财务等多个关键部门的联络人。这些联络人定期开会,分享各自部门的情况,讨论存在的问题和潜在的合作机会。

实践四:建立沟通机制。企业建立了定期的联络人会议制度,以便各联络人进行信息交流和合作讨论。会议议程包括各部门的工作进展、存在的问题以及需要协调的事项等。此外,企业还鼓励联络人之间进行日常的电话、邮件等形式的沟通,以保持紧密的联系。

实践五:提供支持和培训。为了提高联络人的协调效率和能力,企业为这些员工提供了专门的培训和支持。培训内容包括沟通技巧、项目管理、解决问题的方法等。此外,企业还为联络人提供了必要的工具和资源,以支持他(她)们的工作。

实践六:持续评估与改进。企业定期对联络人的工作进行评估,以衡量其协调效果和贡献。通过收集反馈、审查工作成果和监控协作过程,企业不断优化联络人的工作方式和方法,提高了跨部门协作的效率和效果。

通过设置联络节点并实施有效的管理措施,该制造企业成功地促进了不同部门之间的横向协作。这就让各部门之间的信息传递更加顺畅,资源整合更加高效,问题解决速度大大提高,从而为企业带来了明显的业绩提升和更强的市场竞争力。

由此可见，其他的企业或组织也可以借鉴这种设置联络节点的做法，并根据自身的特点和需求进行相应的调整。例如，对于规模较小或部门较少的企业，可以指定某位负责人兼任联络人的角色；对于规模较大或部门较多的企业，可以设立专门的联络人团队或指定专职的联络人员。除此之外，还需注意设置联络节点的关键是要确保联络节点具备足够的协调能力、沟通技巧和解决问题的能力，以实现良好的横向协作效果。

建设盈利系统：盈利逻辑层+执行支持层+杠杆作用层

在商业模式裂变的中心型组织中，建设盈利系统是至关重要的。盈利系统涵盖了盈利逻辑层、执行支持层和杠杆作用层三个层次，共同构成了组织盈利的核心框架。

1. 盈利逻辑层

盈利逻辑层是盈利系统的核心，决定了组织的盈利方式和盈利能力。在中心型组织中，明确并构建合理的盈利逻辑至关重要。以下是构建盈利逻辑层的关键要素：

（1）价值定位。明确组织提供的价值主张，即组织在市场中提供的产品或服务，以及这些产品或服务为客户创造的价值。价值定位应具有独特性和吸引力，以满足目标客户的需求。

（2）收入模型。设计合理的收入模型，确保组织能够从提供的产品或服务中获得稳定的收入流。收入模型应考虑市场规模、客户需求、定价策略等因素，以确保盈利潜力。

（3）成本结构。优化成本结构，降低不必要的开支，提高运营效率。分析关键成本驱动因素，采取有效措施进行成本控制，以确保盈利的可持续性。

（4）盈利策略。制定合适的盈利策略，包括定价策略、成本控制策略、销售策略等。这些策略应与组织的价值定位和市场定位相匹配，以实现最佳的盈利效果。

亚马逊通过提供丰富的产品选择、便捷的购物体验和高效的物流服务，确立了其市场价值定位。在此基础上，亚马逊采用动态定价策略，使其能根据市场需求和产品供应情况灵活调整价格。同时，亚马逊通过大规模采购和有效成本控制，优化了其成本结构，实现了持续稳定的盈利。

2. 执行支持层

执行支持层是盈利系统的关键组成部分，能为盈利逻辑层的实施提供必要的支持和保障。以下是执行支持层的重点要素：

（1）组织架构。建立与盈利逻辑相匹配的组织架构，以确保各部门职责明确，工作高效协同。组织架构应有利于价值创造和客户需求满足，并提高整体运营效率。

（2）流程管理。优化内部流程，提高流程效率和灵活性。要确保流程设计符合组织的盈利逻辑，能够快速响应市场变化和客户需求变化。

（3）人力资源管理。培养具备专业能力和战略眼光的人才队伍。重视人才选拔、培训和发展，并激发员工的创造力和执行力，从而为组织的营利活动提供人才保障。

（4）信息技术应用。借助先进的信息技术工具和系统，提高运营管理的智能化水平。通过数据分析、人工智能等技术手段，优化决策支持系统和业务流程管理。

（5）风险管理。建立完善的风险管理体系，来预防和应对潜在风险。关注市场变化、竞争态势、政策法规等因素可能带来的风险，并采取有效措施进行风险控制和管理。

华为强大的执行支持层为盈利逻辑层的成功实施提供了有力支撑。华为通过构建矩阵式组织架构，实现了全球范围内的资源整合和协同效应。同时，华为注重流程管理创新，通过IPD（集成产品开发）等先进流程体系，提高了产品开发效率和市场响应速度。在人力资源管理方面，华为注重人才培养和激励体系的建设，打造了一支高素质、高执行力的员工队伍。此外，华为在信息技术应用和风险管理方面也具备行业领先的能力，这就为企业的持续盈利提供了坚实的保障。

3.杠杆作用层

杠杆作用层是盈利系统的重要组成部分，通过外部资源和合作杠杆能提升组织的盈利能力。以下是杠杆作用层的重点要素：

（1）合作伙伴关系。建立和维护与关键合作伙伴的良好关系，共同开发和推广产品或服务。与供应商、渠道商和其他合作伙伴建立互利共赢的合作关系，以提升整体竞争力。

（2）外部融资。利用外部融资渠道，如银行贷款、风险投资等，为组织的扩张和业务发展提供资金支持。合理利用杠杆效应，以较低的资本投入获得更大的收益。

（3）并购与战略联盟。通过并购或战略联盟的形式获取外部资源、技术和市场份额。通过并购实现规模扩张和业务互补；通过战略联盟实现资源共享和市场拓展。

（4）品牌建设与市场推广。加大品牌建设和市场推广力度，提高组织的知名度和影响力。通过品牌塑造和营销策略的实施，提升客户忠诚度和市场占有率。

（5）政策利用。关注政策动态和行业法规变化，并合理利用政策杠杆效应为企业创造优势。同时，要深入解读政策内容，争取获得政策支持和资源倾斜。

（6）国际拓展。积极开展国际业务拓展，开拓海外市场。通过全球化布局降低成本、分散风险并扩大客户基础，在国际市场上树立品牌形象并建立竞争优势。

（7）持续创新。鼓励持续创新和研发投资，以保持技术领先地位和满足市场需求的变化。通过创新提高产品差异化、降低成本并开创新的市场机会。

特斯拉通过与松下等电池供应商建立合作伙伴关系，确保了电池供应和成本优势。在融资方面，特斯拉有效利用资本市场，通过发行股票和债券等方式筹集资金，支持其研发和扩张计划。此外，特斯拉通过并购整合产业链，如收购 SolarCity 进军太阳能领域，进一步拓宽了业务范围和增长机会。同时，特斯拉注重品牌建设和市场推广，以其创新、环保的品牌形象吸引了大量忠实粉丝和客户。国际市场的拓展也使得特斯拉能够充分利用全球资源，进一步增强自身盈利能力。

综上所述，商业模式裂变中心型组织的盈利系统建设需要关注盈利逻辑层、执行支持层和杠杆作用层三个层次。通过合理的价值定位、收入模型和成本结构，建立强大的执行能力，并利用外部资源和杠杆效应提升盈利能力。在实际应用中，企业可以根据自身特点和市场环境灵活调整和优化这三个层次，以实现最佳的盈利效果。

第五章　商业模式裂变的驱动力

商业模式裂变的驱动力主要有五项：技术厚度、群聚创新、数据驱动、数字平台、智能协同。技术厚度是商业模式裂变的重要驱动力；群聚创新加速商业模式的更新换代；数据驱动增强企业模式裂变的动力；数字平台拓宽企业模式裂变的范围；智能协同让企业的模式裂变形成全价值网络下的生态架构。

技术厚度：科技拓宽了模式选择范围

斯蒂格利茨（Joseph Stiglitz）等经济学家在其著作中强调了技术创新对经济增长和产业结构变革的重要性。

在21世纪的数字化时代，科技的发展和创新不仅改变了我们的生活方式，也为企业提供了更多的商业模式选择。技术厚度的概念逐渐浮出水面，揭示了技术对商业模式的深度影响，即技术不仅推动着商业模式的创新，更拓宽着商业模式的选择范围。

技术厚度强调的是技术对商业模式的支撑和赋能。在传统的商业模式中，企业往往依赖有限的资源、渠道和信息。然而，随着云计算、大数据、区块链、人工智能等新技术的广泛应用，企业能够获取更多的数据、洞察市场动态，与消费者进行更高效的互动。这种基于数据和技术的商业模式创新，使得企业能够根据市场需求快速调整策略，并实现个性化、精细化的运营。

以中国的共享经济为例，共享单车、共享充电宝等新型商业模式在短时间内迅速崛起。这些模式的成功在很大程度上得益于物联网、定位技术以及移动支付等技术的发展。通过将这些技术与商业模式结合，企业能够以极低的成本迅速扩大规模，并满足消费者对便利、实惠的需求。

再来看美国硅谷。像特斯拉这样的企业，不仅推出了具有影响力的产品，还通过软件更新等方式不断优化用户体验，将硬件与软件完美结合，实现了商业模式的创新。

总览现代科技的发展线路，从传统的线下交易到在线电子商务，再到如今的移动互联网和物联网，科技的进步为企业家们带来了无限的可能性。

首先，移动互联网的广泛普及，使得在线经济成为重要的商业模式。在线购物、支付和社交的普及化，促使企业开发移动应用和社交媒体平台，以满足消费者的需求。同时，移动互联网也催生了共享经济和O2O（线上到线下）模式，如Uber和Airbnb，这些平台通过连接供需双方，为客户提供了更高效和便捷的服务。

其次，物联网的发展进一步拓宽了商业模式的选择范围。物联网是指将物理世界中的各种物体与互联网相连接，以实现数据的收集和交换。通过物联网技术，企业可以实现对产品的远程监控、智能控制和数据分析，从而提高生产效率、降低成本和提供个性化服务。例如，智能家居企业通过物联网技术为用户提供智能化的家居解决方案，允许用户通过手机远程控制家庭设备，如智能门锁、智能照明和智能温控系统，提高了用户的生活便捷性和舒适度。

再次,科技的发展带来了大数据和人工智能技术的应用,为企业提供了更精准的市场定位和个性化服务。通过分析大量的用户数据和消费行为,企业可以了解消费者的需求和喜好,从而制定更有效的营销策略和产品定位。同时,人工智能技术的深度学习和自然语言处理的进步,为企业提供了更智能的决策支持系统,并帮助企业实现客户服务自动化。中国的支付宝和微信支付运用人工智能技术,实现了更安全、便捷的支付体验,拓宽了商业模式的选择范围。美国的谷歌语音助手和亚马逊 Alexa 等智能助手,在家庭和商业环境中正发挥着越来越重要的作用。

最后,区块链技术则在金融领域引起了巨大的变革。数字货币的兴起表明区块链在去中心化支付和金融服务方面的潜力。此外,智能合约的应用也在改变着商业合作方式,它提高了合同的透明度和执行效率。

在这个技术飞速发展的时代,商业模式的创新已经不再是单一的线性思维,而是多维度、立体化的思考方式。从中国的新兴企业到硅谷的科技巨头,可以看到技术厚度正在为商业模式创新提供无限的可能。而这种创新不仅是技术的堆砌,更是对商业本质的深刻理解与重新诠释。

展望未来,量子计算、生物技术和可再生能源等新兴技术有望成为商业模式创新的新引擎。企业需要紧跟科技发展步伐,积极采纳新技术,以保持竞争力并创造更广阔的商业前景。

群聚创新:从无限创新中拼出"刺刀级产品"

在当今世界,创新已经成为企业生存和发展的关键。各种新思想、新技术和新产品层出不穷，令人眼花缭乱。企业要想在市场中立足，让产品脱颖而出，就需要群聚创新，以团队的力量打造出"刺刀级产品"。

群聚创新是一种新的创新模式，它打破了传统的企业边界，让更多的外部资源可以参与企业的创新。这种模式下的创新不再是单打独斗，而是成千上万的人共同参与的过程。群聚创新的优点在于快速聚集大量的人才、资源和信息，让企业更加高效地进行创新。同时，由于有更多的参与者，群聚创新的容错率也更高，这就使得企业能够更好地应对市场的不确定性。

刺刀级产品是指在市场竞争中具有明显优势的产品，核心在于"刺刀"，如同战争中的刺刀一般，短小精悍，能迅速击败敌人。这种产品的特点是，它在功能、品质、价格等方面都明显优于竞争对手，能够迅速占领市场并获得消费者的认可。刺刀级产品的出现往往能够改变市场格局，为企业带来巨大的商业价值。因此，如何打造刺刀级产品就成为企业必须面对的问题。

苹果公司的 iPhone，就是一款典型的刺刀级产品。苹果公司在推出 iPhone 之前，已经通过 iPod 和 Mac 等产品积累了丰富的技术和品牌优势。同时，苹果公司也吸引了大量的优秀人才，包括设计、研发、营销等方面的人才。在推出 iPhone 时，苹果公司采取了独特的策略，将硬件和软件完美地结合在一起，为用户提供了全新的体验和价值。此外，苹果公司也与多家合作伙伴建立了合作关系，共同推动了 iPhone 的发展和推广。最终，iPhone 成为市场上的一款刺刀级产品，对整个手机行业产生了深远的影响。

通过群聚创新，企业可以集中力量，打造出真正具有竞争力的刺刀级产品。在实施群聚创新时，企业需要明确产品定位、吸引优秀人才、充分利用资源、持续改进以及建立良好的合作关系。只有这样，才能真正实现产品的创新和发展，从而为企业带来更多的商业机会和价值。例如，国内一家新兴的科技企业——微纳科技，就是群聚创新的典范。

微纳科技是一家专注于纳米材料研发和应用的高科技企业。由于进入这个领域比较晚，微纳科技在技术和市场上都面临着激烈的竞争。然而，通过群聚创新，微纳科技成功地打造出了一款刺刀级产品——纳米涂层。

纳米涂层是一种新型的表面涂层材料，具有超强的耐磨、耐腐蚀和抗紫外线性能。在市场上，纳米涂层被广泛应用于航空航天、汽车、能源等领域。由于其优异的性能和广泛的应用前景，纳米涂层一上市就获得了巨大的成功。微纳科技也因此一跃成为行业的佼佼者。

那么，微纳科技是如何实现群聚创新的呢？首先，微纳科技有一支高效的研发团队。这支团队成员都是纳米材料领域的精英，他们有着深厚的学术背景和丰富的实践经验。通过团队协作，他们很快就攻克了纳米涂层的关键技术难题。

其次，微纳科技注重资源整合。在研发过程中，充分利用了企业内部的各种资源，如实验室设备、技术人才和市场渠道等。同时，积极寻求外部合作，与高校、科研机构和其他企业建立了紧密的合作关系。通过资源整合，微纳科技迅速提升了自身的研发实力和创新能力。

最后，微纳科技注重市场导向。在研发过程中，始终关注市场需求和行业动态，并根据市场需求调整研发方向和产品定位。同时，积极与潜在客户沟通交流，了解他们的需求和反馈意见，以便更好地优化产品和服务。

通过群聚创新，微纳科技成功地打造出了刺刀级产品——纳米涂层。这一产品的成功推出，不仅提升了企业的竞争力和品牌形象，也为整个行业的发展带来了新的机遇和挑战。

总之，群聚创新是一种有效的创新模式，可以帮助企业在激烈的市场竞争中脱颖而出。对于国内的企业来说，要想在未来的发展中立于不败之地，就必须紧跟时代潮流，加强内部协作和资源整合，打造出真正具有竞争力的刺刀级产品。只有这样，才能在无限的创新中杀出一条"血路"，走向更加辉煌的未来。

数据驱动：锚定企业"真需求"

信息经济学家哈罗德·范·布鲁汉（Harold van Buren）在他的文章中提到了物联网和大数据技术对商业模式的影响，这与信息经济学、数据驱动决策等相关领域有关。

市场营销学者菲利普·科特勒（Philip Kotler）在他的文章中谈到了大数据和人工智能技术对市场定位和个性化服务的影响，这与消费者行为分析、市场细分、个性化营销等相关理论有关。

随着大数据时代的来临，数据已经成为企业决策和运营的重要依据。越来越多的企业开始意识到数据的重要性，并尝试通过数据驱动的方式来实现业务增长和优化。然而，在实际操作中，很多企业常常会面临一个问题：如何准确地识别和满足企业的"真需求"？数据驱动不仅是收集和分析数据，更重要的是通过数据来理解和解决业务问题，从而为企业创造真正的价值。

企业的"真需求"是指企业在实际业务中真正面临的问题和挑战，这些问题使用需要数据驱动的方法来解决，以提高企业的运营效率和盈利能力。然而，数据本身并不能直接告诉我们企业的"真需求"。这就需要我们运用专业知识和技能，通过数据分析，挖掘出数据背后的规律和趋势，从而为企业提供有价值的洞察。这就是数据驱动的意义所在。那么，如何通过数据驱动锚定企业的"真需求"呢？

首先，企业需要建立一个全面、准确的数据收集和存储系统。这是数据驱动的基础，只有拥有高质量的数据，才能进行有效的数据分析。

其次，企业需要培养一支具备数据分析能力的人才队伍。他们需要具备专业的数据分析知识和技能，要能够从数据中找出有价值的信息，并为企业提供决策支持。

最后，企业需要建立一套数据驱动的决策机制。这包括对数据的敏感度，对数据的理解和运用，以及对数据驱动决策的监督和评估。只有这样，企业才能真正实现数据驱动，锚定"真需求"。

以 Target（塔吉特）电商平台为例，该平台希望通过数据驱动的方式提高销售额。在深入了解业务后，数据分析团队发现销售额主要受流量和转化率的影响。针对这一真需求，团队采取了以下措施：

（1）建立了一个强大的数据基础，包括网站访问量、用户行为、商品销售数据等。

（2）进行深度分析和挖掘，来发现最佳的商品推荐算法。

（3）进行 A/B 测试以验证算法的有效性。

（4）持续监控销售数据并及时调整算法参数以增强效果。

通过一系列的数据驱动措施，Target 的销售额得到了显著提升，使其从沃尔玛和亚马逊等其他零售商中脱颖而出。准确锚定了企业的真需求，也就间接锚定了消费者的真需求，因此，它的忠诚客户群不断增长，尤其是在千禧一代和 Z 世代中，其时尚性、独家商品、商店环境和社会责任额外受到追捧。

通过上述分析可以得出，数据驱动，锚定企业"真需求"，是企业在新时代下的发展趋势。虽然通过数据驱动锚定企业真需求的工作看起来并不难，但企业在实际操作中仍需谨慎，要重视必须关注的点（见图5-1）。

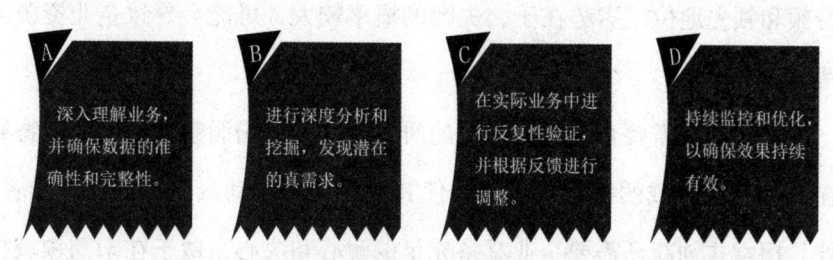

A	B	C	D
深入理解业务，并确保数据的准确性和完整性。	进行深度分析和挖掘，发现潜在的真需求。	在实际业务中进行反复性验证，并根据反馈进行调整。	持续监控和优化，以确保效果持续有效。

图 5-1　企业数据驱动锚定"真需求"需要注意的方面

只有做到上述要求，并注意相关事项，企业才能真正实现数据驱动的价值，即挖掘与解决真需求，提高运营效率和盈利能力。总之，在数据驱动的道路上，企业需要不断学习和探索，紧跟时代步伐，以应对市场的不断变化和挑战。

数字平台：构建双元数字化创新战略

约翰·科特在《变革加速器》一书中提出："一个组织的两种模式，双元驱动系统"，强调企业的商业模式要在延续性创新与非延续性创新之间保持一种平衡。在这样的背景下，构建双元数字化创新战略成为企业实现持续发展的关键。

双元数字化创新战略是指企业在数字化转型过程中，需要同时关注探索式创新和利用式创新两种模式，以实现业务的持续增长和竞争优势的不断提升。

探索式创新是指企业在没有明确市场需求的情况下，通过研发新技术、新产品或新业务模式，创造出全新的市场。这种创新模式具有高风险、高投入、长周期等特点。优势在于，一旦成功，企业将获得巨大的市场份额和领先地位。劣势在于，失败的概率较大，可能会导致企业资源的浪费。

探索式创新需要企业具备强大的研发能力和市场洞察力。例如，特斯拉在电动汽车领域的探索式创新，使其成为全球电动汽车行业的领导者。此外，探索式创新还需要企业具备充足的耐心和决心，敢于在未知领域投入资源和精力。

利用式创新是指企业在现有市场和需求的基础上，通过改进产品、技术或服务，来提高用户体验，并实现市场份额的提升。这种创新模式具有风险较低、投入较少、周期较短等特点。优势在于，企业可以在短时间内提高产品竞争力，满足市场需求。劣势在于，创新程度有限，可能会导致市场同质化竞争加剧。

利用式创新需要企业具备敏锐的市场嗅觉和快速响应能力。例如，苹果公司通过不断推出具有创新性的手机产品，满足了消费者对高品质智能手机的需求，从而巩固了其在全球手机市场的领导地位。

实际上，探索式创新和利用式创新并非相互独立，而是相互依存、相互促进的。企业在发展过程中，需要兼顾这两种创新模式。

（1）利用式创新可以为探索式创新提供资金支持。企业在现有市场的基础上，通过提高产品竞争力，实现盈利增长，能为探索式创新提供充足的资金保障。

（2）探索式创新可以为利用式创新提供技术支持。企业在探索式创新的过程中，研发的新技术、新产品或新业务模式，可以应用于现有市场，提高产品竞争力。

（3）探索式创新和利用式创新可以相互激发市场需求。探索式创新创造出的全新市场，能为企业带来更多的发展机遇；利用式创新能满足市场需求，为企业巩固市场份额。

双元数字化创新战略旨在平衡企业的稳定性和灵活性，以应对不断变化的商业环境。探索式创新注重拓宽新的市场和业务领域，利用式创新则更关注现有业务的优化和改进。通过同时实施这两种创新模式，企业可以快速适应市场变化，提升竞争力。

以高知特（CTSH）为例，该公司通过实施双元数字化创新战略，实现了业务的快速扩张和持续增长。该公司采取了6项措施，不仅拓宽了新的市场领域，也提升了现有业务的竞争力。同时，该公司还建立了完善的组织架构和人才队伍，为双元数字化创新提供了有力支撑（见图5-2）。

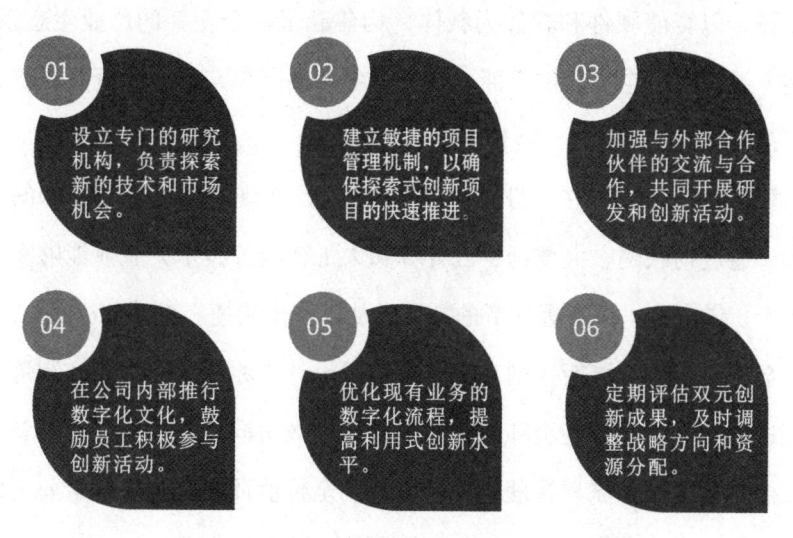

01 设立专门的研究机构，负责探索新的技术和市场机会。

02 建立敏捷的项目管理机制，以确保探索式创新项目的快速推进。

03 加强与外部合作伙伴的交流与合作，共同开展研发和创新活动。

04 在公司内部推行数字化文化，鼓励员工积极参与创新活动。

05 优化现有业务的数字化流程，提高利用式创新水平。

06 定期评估双元创新成果，及时调整战略方向和资源分配。

图5-2　高知特（CTSH）的双元数字化创新措施

通过这些措施的实施，高知特（CTSH）成功地实现了探索式和利用式创新的平衡发展，进而提升了竞争优势。未来，随着数字技术的不断进步和应用领域的拓展，双元数字化创新将更加重要。

智能协同：全价值链的无缝衔接

竞争战略之父迈克尔·波特提出了企业价值链理论。

随着第四次工业革命的深入发展，智能协同成为企业转型升级的重要驱动力。在数字化、网络化和智能化的背景下，全价值链的无缝衔接成为企业追求的目标。这不仅有助于提高生产效率、降低运营成本，更能增强企业核心竞争力，令其从容应对全球经济一体化的挑战。

智能协同是指通过人工智能技术，实现人、物、信息的高度融合，并以此来推动产业链各环节协同创新、高效运作。它以数据为驱动，以算法为支撑，以智能硬件和软件为载体，构建起了一个全新的产业生态系统。在这个系统中，企业、供应商、客户等各方共同参与，实现资源共享、优势互补，从而提高整个产业链的竞争力。

智能协同的核心在于打破"信息孤岛"，实现企业内部与外部的全面连接。通过物联网、大数据、云计算和人工智能等技术，企业能够实时获取生产、供应链、销售等环节的数据，从而作出快速、准确的决策。

全价值链的无缝衔接则意味着从产品设计、原料采购、生产制造、物流配送到终端销售等各个环节，都能实现高效协同。这需要企业具备强大的数据整合能力和流程管理能力，以达到全价值环节的高效和企业内外部与跨行业、跨国界、跨模式的全方面协同的创新实践。

全价值环节的高效包括以下方面：

（1）设计研发环节。借助人工智能技术，企业可以快速捕捉市场需求，实现产品设计的个性化、差异化。同时，通过协同设计平台，企业与供应商、客户进行实时互动，可以共同优化产品设计，提高研发效率。

（2）生产制造环节。智能协同生产系统可以实现设备、人员、物料的高效配合，从而提高生产效率。通过实时监控生产数据，企业可以快速响应市场变化，实现柔性生产。

（3）销售服务环节。基于大数据和人工智能技术，企业可以精准定位目标客户，实现个性化推荐。同时，智能客服系统可以提升客户服务水平，提高客户满意度。

（4）供应链管理环节。智能协同供应链系统通过实现供应商、制造商、分销商的信息共享，可以降低库存成本，提高物流效率。

全方面协同的创新实践：

（1）企业内部协同。通过搭建企业内部协同平台，实现各部门、各层级的实时沟通与协作，能提高工作效率。

（2）跨行业协同。企业与其他行业的企业、科研院所开展合作，共同研发新技术、新产品，开拓新市场。

（3）跨国协同。借助互联网技术，企业与全球合作伙伴开展远程协作，可以实现产业链的国际布局。

（4）众包模式。企业借助众包平台，将部分设计、研发、生产任务发包给全球创客，能实现大众协同创新。

全价值链的无缝衔接要求企业具备强大的数据整合能力、流程管理能力以及灵活的组织架构。

以全球领先的电子产品制造商霍尼韦尔国际公司为例，该企业通过实施智能协同，实现了全价值链的无缝衔接。

在设计环节，霍尼韦尔采用数字化设计工具，快速进行产品原型设计，并通过模拟分析优化设计方案，极大地缩短了产品开发周期，提高了设计效率。

在采购环节，霍尼韦尔利用大数据分析供应商的产能、质量、价格等信息，实现了精准的供应商选择和原材料采购。这既确保了原材料的稳定供应，又降低了采购成本。

在生产制造环节，霍尼韦尔引入自动化生产线和智能仓储系统，实现了生产流程的智能化管理。通过实时监控生产数据，霍尼韦尔能够及时发现并解决生产过程中存在的问题，提高了生产效率和产品质量。

在物流配送环节，霍尼韦尔采用智能化的物流管理系统，对订单处理、仓储管理、运输调度等环节进行全面优化，不仅缩短了产品从生产到消费者手中的时间，还降低了物流成本。

在销售服务环节，霍尼韦尔借助大数据分析市场需求和消费者行为，实现了精准的产品定位和营销策略。同时，通过建立智能客服系统，快速响应消费者需求，提升了客户满意度。

通过实施智能协同和全价值链的无缝衔接，霍尼韦尔不仅提高了运营效率、降低了成本，还为消费者提供了更高质量的产品和服务。这使得霍尼韦尔在激烈的市场竞争中保持领先地位，实现了可持续发展。

因此，智能协同作为一种全新的合作模式，正在推动全价值链的无缝衔接。企业应把握这一发展趋势，积极布局智能协同产业链，以实现高质量发展。可以预见，随着技术的不断进步和产业升级的持续推进，智能协同将在全价值链无缝衔接方面发挥更大的作用。未来企业将在智能协同的助力下，实现更为精准的市场预测、个性化的产品定制和精细化的成本管理。同时，更多的新兴业态和商业模式将在智能协同的土壤上孕育而生，从而为全球经济带来新的增长动力。

第六章　商业模式裂变的创新策略

在当今快速变化的市场环境中，企业要想保持持续的竞争优势，必须不断进行创新。而商业模式的创新更是企业创新的核心。当商业模式发生裂变时，企业将面临前所未有的机遇与挑战，因此探讨如何进行商业模式裂变的创新策略具有重要意义。

迭代式创新保持动态变革能力

美国作家埃里克·莱斯所著的《精益创业》一书揭示了迭代式创新理论在管理学中的普通性，该理论最初源于创新管理领域。[1]

商业模式裂变的创新策略首要涉及的，就是通过迭代式创新保持动态变革能力。这一战略强调持续改进和变革，以适应市场需求和不断变化的商业环境。

产生了商业模式裂变，是指企业原有的商业模式在面临外部环境变化时发生了质的变化。这种变化可能带来企业核心竞争力的重塑以及营利模式的转变。也就是说，裂变既带来了挑战，也带来了机遇。但许多企业在

---

[1] 埃里克·莱斯. 精益创业 [M]. 吴彤，译. 北京：中信出版社，2012.

面对商业模式裂变时,由于缺乏有效的应对策略,往往会导致竞争优势的丧失。因此,如何抓住机遇、应对挑战是企业在商业模式裂变中必须面对的问题。

迭代式创新是一种不断试错、不断改进的创新方式,强调在快速反馈中不断优化产品或服务。在商业模式裂变的环境下,迭代式创新能够帮助企业保持动态变革能力,使其能快速适应市场的变化。通过不断迭代,企业可以及时发现并解决商业模式裂变中存在的问题,从而抓住机遇、应对挑战。

迭代式创新的关键要素包括以下三点:

(1)快速反馈循环。通过频繁的市场测试和用户反馈,企业能够快速调整和改进自身的商业模式,这种反馈循环有助于企业迅速识别问题并进行修正。

(2)敏捷开发方法。采用敏捷开发方法,将大型项目拆分为小的可管理的部分,以更快地交付产品或服务,并在不断的迭代中进行改进。

(3)数据驱动决策。利用数据分析和指标评估创新的效果,帮助企业做出基于实际表现的决策,以有效地调整其商业模式。

亚马逊是一个成功采用迭代式创新的企业。起初,亚马逊是一家在线书店,但随后通过不断的迭代,发展成了全球最大的电商平台,提供各种商品和服务。亚马逊的迭代离不开三个方面的持续发力:首先是快速扩展产品线,从书籍到电子产品、食品、云计算服务等,迭代式的产品线扩展有助于满足不断变化的消费者需求;其次是引入 Prime 会员计划,为用户提供了更快的配送服务和其他额外优惠,这一变革不仅提高了用户忠诚度,还推动了销售增长;最后是持续技术创新,通过不断引入新技术,如人工智能、机器学习和自动化,在其供应链、物流和客户体验方面进行迭代式创新，保持了领先地位。

通过对亚马逊迭代式创新的深入分析，展示了如何通过迭代式创新不断演变商业模式，以适应市场变化和不断增长的客户需求。

因此，在商业模式裂变的背景下，迭代式创新是企业保持动态变革能力的关键。通过不断试错、优化产品或服务，企业可以快速适应市场的变化，并抓住商业模式裂变带来的机遇。为了实现这一目标，企业应关注以下几点：

（1）培养创新意识。企业应注重培养员工的创新意识，鼓励员工敢于尝试、勇于创新；同时，企业应建立良好的创新文化，以激发员工的创新热情。

（2）建立敏捷的组织结构。企业应建立敏捷的组织结构，以应对商业模式裂变带来的挑战。通过优化内部流程、提高决策效率，企业可以快速响应市场的变化。

（3）强化市场洞察力。企业应加强市场研究，及时了解消费者需求和市场趋势。通过与消费者保持紧密联系，企业可以获取宝贵的市场反馈，从而为产品或服务的迭代提供依据。

（4）持续投入研发。企业应持续投入研发，提升技术实力。只有具备领先技术的企业，才能在商业模式裂变中占据优势地位，其研发成果也可通过迭代式创新不断优化产品或服务。

（5）合作共赢。企业应寻求与其他企业的合作，共同应对挑战、分享机遇。通过建立战略合作伙伴关系，实现资源共享、优势互补，可以共同推动行业的进步。

上述实践有助于将迭代式创新理论转化为实际操作，通过渐进式的调整和改良，能保持企业的动态变革能力，并推动商业模式的裂变和发展。

巴斯夫杉杉电池材料有限公司是德国领先的化学公司巴斯夫和中国企业五百强杉杉2021年在长沙共同成立的中外合资企业。

强强联合形成"1+1>2"的协同效应，凭借完善的研发体系、强大的专利矩阵、低碳可持续的供应链、丰富的产品组合、领先的量产能力，以及丰富的欧美建厂经验、负责任的供应链管理、领先的全球产业布局、完整的汽车行业资源，打造出了一支中国正极材料行业龙头企业中的劲旅。

巴斯夫杉杉公司结合了巴斯夫和杉杉两家企业的优质资源与市场优势。其中，巴斯夫提供强大的技术和开发能力、全球运营足迹以及原材料供应的战略合作伙伴关系；杉杉拥有丰富的锂电池行业经验、全面的产品组合和领先的规模化能力。双方共同为合资公司所注入的技术专长和市场经验，使企业具备了卓越的用户价值、敏捷迭代创新能力和综合性成本竞争力。

巴斯夫杉杉专注自主研发技术，具备强大的创新和可持续研发能力。位于湖南长沙基地的巴斯夫杉杉电池材料研究院是巴斯夫电池材料亚太研发总部，拥有完整的实验室中试线和行业顶尖的实验设备，能用于金属回收技术、前驱体和正极材料的研发、分析和测试，推进先进技术成果高效实现量产和商业化，是行业领先也是巴斯夫电池材料亚太最大的研发创新中心。巴斯夫杉杉拥有超过380名研发与工程技术人员。研发驱动与科技赋能的经营模式，是巴斯夫杉杉公司高质量发展的强大动力。

公司自成立以来，获批设立国家级企业技术中心、博士后科研工作站、湖南省工程技术研究中心等科研创新平台，并陆续获得了"国家技术创新示范企业""国家制造业单项冠军示范企业""国家级绿色工厂""国家级知识产权优势企业"等国家级项目与荣誉称号。

完善的研发体系和强劲的研发团队推动了巴斯夫杉杉紧跟趋势、不断创新和持续突破，其研制出的拥有化学新作用的正极材料，使其有望成为具有金属供应优势和闭环解决方案的正极材料头部企业。不间断且强悍的迭代创新能力，让巴斯夫杉杉实现了在电动汽车和中高镍电池领域的加速增长，并使其保持了在消费电子产品和钴酸锂市场的强势地位。

由此可见，正是凭借迭代式创新的动态变革能力，巴斯夫杉杉在激烈的市场竞争中保持了领先地位，并为未来的发展奠定了坚实的基础。

总之，迭代式创新是一种持续优化、逐步演进的创新方式，强调在变革中保持动态能力。在快速变化的市场环境中，迭代式创新已成为企业保持竞争力的关键。通过持续迭代和优化，企业能够抓住机遇，应对挑战，实现创新突破和商业模式的裂变。

压强式创新实现更纵深的业务与组织创新

随着全球经济环境的快速变化和科技的迅猛发展，商业模式创新已成为企业持续发展的关键。其中，压强式创新作为一种独特的策略，通过深度挖掘和利用资源，为企业提供了实现更纵深业务与组织创新的途径。

压强式创新也称为"深度创新"或"聚焦创新"，强调企业在有限的资源下，通过高度聚焦和持续努力，在特定领域或技术上取得突破。这种创新策略的核心在于实现更深层次的业务和组织创新，以创造新的商业价值和竞争优势。这一战略要求企业在多个层面进行变革，如产品、服务、流程、技术和组织结构等。

首先，压强式创新强调不断推动产品和服务的进化。企业需要不断改进现有产品或服务，并引入新的功能、性能或体验，包括技术升级、设计创新或与其他行业的跨界合作，以满足不断变化的市场需求。

其次，业务流程的创新是商业模式裂变的关键组成部分。通过重新设计和优化内部流程，包括采用先进的数字化技术、自动化流程以及建立更加灵活的工作流程，企业能够提高效率、降低成本并加速创新周期。

压强式创新必然会在技术方面进行革新，企业需要关注前沿科技的应用，如人工智能、大数据、物联网等，来为企业寻找新的商业机会，改变产品和服务的交付方式，以及优化客户体验。

压强式创新还将涉及组织结构的变革。企业需要重新定义角色和职责，建立更加敏捷和创新的团队结构，以适应市场的不断变化。领导层的角色也需要重新审视，以促进创新文化的建立和推动变革的执行。

由以上论述可知，压强式创新将给企业的商业模式裂变带来其他创新模式所没有的优势和挑战。

由此可见，压强式创新是一种积极主动的创新策略，它不仅是技术的创新，还包括业务模式的创新和组织架构的创新。因此，这就要求企业不仅要关注当前的市场需求，还要预测未来的技术趋势，并为之投入大量的研发资源和人才。

蓝思科技作为消费电子、新能源汽车外观结构件及功能组件领域的龙头科技公司，其成功的关键在很大程度上依赖企业经营模式的不断创新，其压强式创新战略就是商业模式裂变与创新的典范。

首先，蓝思科技在产品研发上持续投入，通过压强式创新，不断推出具有竞争力的新产品。例如，在智能手机领域，蓝思科技研发出了具有更高透光性、更轻薄、更防污的玻璃防护面板，以及五彩缤纷颇具时尚感的手机外壳；率先将蓝宝石、陶瓷、碳纤维等新材料用于智能消费电子产品，满足了消费者对手机外观和性能的不断升级需求。

其二，蓝思科技积极拓宽新的市场领域，通过压强式创新，开辟出了更多的业务增长点。例如，公司不仅在智能手机市场取得了显著成绩，还成功进入智能汽车、智能穿戴、智能家居等新兴市场，实现业务的多元化发展。

其三，蓝思科技在组织架构上进行了大胆的改革，通过建立扁平化、灵活的组织结构，提高企业的决策效率和执行力，让企业能够快速响应市场变化，并抓住创新机遇。

此外，蓝思科技非常重视人才的培养和激励，通过压强式创新，打造了一支高素质、高效率的研发技术团队。公司提供丰富的培训和发展机会，以及具有竞争力的薪酬福利，激发了员工的创新热情和工作积极性。

为了促进创新，蓝思科技鼓励跨部门协作和团队间的知识分享。通过成立蓝思创新研究院，将不同领域的专家、不同的研发机构聚集在一起，共同攻克难题，推动了技术、产品和业务的协同发展。

最后，蓝思科技还注重企业文化的创新，营造出一种开放、包容、鼓励创新的工作氛围。公司通过压强式创新，培育出的积极进取、勇于挑战的企业文化，使员工敢于尝试新方法、新思路，从而推动企业的持续创新和发展。

这些压强式创新的实践使得蓝思科技在全球激烈的市场竞争中保持领先地位，并持续推动公司在技术和业务上的突破。

通过以上阐述和所举案例可以看出，压强式创新的优势在于其深度挖掘和有效利用资源的能力。通过集中资源和力量，企业能够在特定领域或技术上取得突破，从而实现更深层次的业务与组织变革。

压强式创新的挑战在于资源限制和风险控制的挑战。由于企业将有限的资源高度集中在特定领域或技术上，一旦投资方向出现偏差或市场竞争格局发生变化，企业将面临巨大的风险和损失。因此，企业在实施压强式创新时，需要审慎决策、严密监控市场动态，并灵活调整策略。

但无论面临怎样的挑战，在必要的时候实施压强式创新都对企业的商业模式裂变有着重要的作用。全面性的创新战略有助于企业在激烈的市场竞争中保持领先地位，并更好地适应不断变化的商业环境。那么对实施压强式创新的策略有哪些建议呢？

（1）明确战略目标与定位。通过对市场环境、行业趋势和自身优势的深入分析，选择具有发展潜力的领域或技术进行深度挖掘和投资。

（2）集中资源与力量。为了实现突破，企业需要集中资源与力量，来为压强式创新提供足够的支持。包括但不限于资金投入、人力资源配置、技术研发等。通过集中优势资源，企业能够提高创新效率，并加速成果转化。

（3）建立高效协作的团队与文化。压强式创新需要企业内部的跨部门协作和高效率的项目管理。企业应建立高效协作的团队和文化，以促进信息共享、知识传递和资源整合。同时，要鼓励员工积极参与创新过程，以激发企业内部活力与创造力。

（4）持续监控市场动态与风险控制。企业在实施压强式创新的过程中，应持续关注市场动态和竞争态势，并及时调整策略以适应变化。此外，企业应建立健全风险控制机制，对潜在风险进行充分评估和管理，以确保创新的可持续性和成果的转化。

总之，通过深度挖掘和有效利用资源，企业能够实现更深层次的业务与组织变革，从而在激烈的市场竞争环境中获得优势。但在实施压强式创新的过程中，需要注意资源限制和风险控制，以确保创新的可持续性和成果的转化。

颠覆式创新找到"范式转换"的新路径

美国作家托马斯·库恩在其著作《科学革命的结构》中有这样的论述：范式转换是指某一学科或行业内的理论、方法或技术发生根本性的变革，导致原有的理论体系和实践方式失去效力。[①]

在当今快速变化的时代，企业面临着前所未有的挑战和机遇。因为传统的商业模式和竞争策略已经难以满足市场需求，所以寻求"范式转换"的新路径就成为企业生存和发展的关键。颠覆式创新作为一种新兴的创新模式，为企业提供了打破常规、实现跨越式发展的可能。

颠覆式创新是指在传统模式的基础上，通过引入新的技术、产品或服务，打破现有市场格局，实现从无到有的创新过程。与渐进式创新不同，颠覆式创新更注重通过突破性技术和商业模式的创新，来为市场带来全新的价值体验；同时，颠覆式创新通过打破传统思维模式和既有利益格局，能实现技术、市场、产业等方面的全面革新。颠覆式创新的典型特点包括：①破坏性，颠覆式创新往往会对现有市场的领导者产生威胁，并打破原有的竞争格局；②创新性，颠覆式创新需要引入前所未有的技术或商业模式，来实现从无到有的突破；③客户价值，颠覆式创新强调通过客户价值的提升，创造全新的市场机会。

范式转换是指某一学科或行业内的理论、方法或技术发生根本性的变

---

① 托马斯·库恩.科学革命的结构[M].张卜天，译.北京：北京大学出版社，2022.

革，导致原有的理论体系和实践方式失去效力。例如，从地心说到日心说，从牛顿力学到相对论，都是范式转换的典型案例。在范式转换的过程中，颠覆式创新发挥着至关重要的作用。具体表现在三个方面：①引领行业变革，颠覆式创新通过引入新技术或商业模式，能推动行业从传统模式向现代化转变；②创造新市场机会；颠覆式创新能打破市场边界，为企业开辟新的发展空间，并满足潜在客户需求；③提升竞争优势，通过颠覆式创新实现"范式转换"，能够使企业获得独特的竞争优势，从而让企业在市场竞争中占据有利地位。

在当前科技革命和产业变革的大背景下，各个领域都亟待找到实现范式转换的新路径。那么，如何找到这条新路径呢？以下三个方面值得我们关注：

（1）深入挖掘用户需求是颠覆式创新的原动力。要想实现颠覆式创新，就要从用户需求出发，找到现有产品和服务的痛点、痒点，进而开发出全新产品或服务，以满足用户需求。例如，共享单车就是在深入挖掘用户出行需求的基础上，通过技术创新和商业模式创新，实现了对出行方式的颠覆。

（2）跨界融合是颠覆式创新的重要途径。通过将不同领域的优势资源和技术进行整合，可以创造出全新的产品、服务或解决方案。例如，"互联网+""人工智能+""大数据+"等新兴领域，都是跨界融合的典范。跨界融合有助于打破传统产业边界，促进产业链重构，并为范式转换提供新路径。

（3）强化科技创新是颠覆式创新的核心。在寻找范式转换的新路径过程中，企业要重视基础研究和应用研究，强化关键核心技术攻关，培育壮大新兴产业。同时，企业还要注重科技创新与产业创新的深度融合，通过推动科技成果转化为现实生产力，来为范式转换提供有力支撑。

特斯拉电动汽车的成功之路充分展示了颠覆式创新在实现"范式转换"中的关键作用。以下是对特斯拉电动汽车的案例分析：

（1）突破传统汽车行业格局。特斯拉电动汽车通过引入全新的技术和商业模式，打破了传统汽车行业的格局。特斯拉的创新之处在于将电池技术、电机技术和控制技术相结合，实现了电动汽车的商业化应用。

（2）创造全新客户价值体验。特斯拉电动汽车以其高性能、智能化的特点，满足了消费者对绿色出行、环保理念的追求，创造了全新的客户价值体验。同时，特斯拉还通过创新的销售和服务模式，提升了客户满意度。

（3）引领行业范式转换。特斯拉电动汽车的成功促使传统汽车厂商加快向电动汽车领域转型的步伐。特斯拉的创新不仅改变了汽车行业的格局，还推动了整个产业链的变革，引领了汽车行业的范式转换。

特斯拉通过颠覆式创新，打破了传统汽车行业的束缚，引领了电动汽车行业的发展潮流。通过对特斯拉电动汽车的案例分析，可以获得颠覆式创新在实现范式转换中的重要启示（见图6-1）。

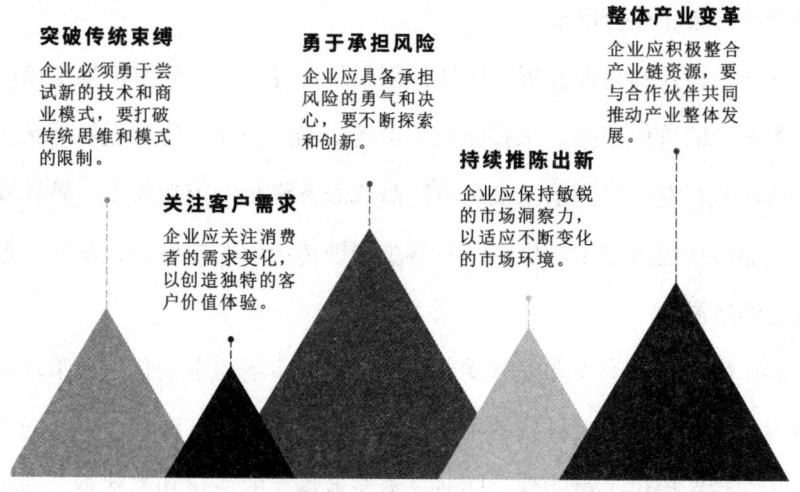

图6-1 特斯拉成功经验为其他企业提供的启示

总之，颠覆式创新是推动企业发展与社会经济进步的关键力量，而找到"范式转换"的新路径则是实现颠覆式创新的核心任务。企业应保持开放的心态和敏锐的市场洞察力，不断关注行业动态和技术发展趋势，以应对未来可能出现的挑战和机遇。

破坏性创新重塑商业模式新格局

在21世纪的商业环境中，创新不再仅仅是一种选择，而是企业生存和发展的必要条件。其中，破坏性创新作为一种强大的商业力量，正在重塑着传统商业模式，为各行各业带来前所未有的变革。

破坏性创新的概念最早由美国创新专家克莱顿·克里斯滕森提出，指的是一种以低成本、高性能、便捷性等特点，颠覆传统市场和技术，为消费者带来更高价值的产品或服务。破坏性创新不仅改变了市场格局，还推动了产业升级和社会进步。

从商业模式的角度分析，破坏性创新是通过引入与现有市场主流产品或服务不同的价值主张，来打破现有市场格局的创新。这种创新通常源于新兴市场或行业，以满足未被现有产品或服务满足的市场需求。破坏性创新往往能够快速占领市场份额，并逐步侵蚀传统市场的份额，从而重塑商业模式的格局。

破坏性创新的产生和发展受到技术进步、市场需求变化、政策环境等多种因素的影响。随着科技的不断进步，新技术、新方法和新模式的出现为破坏性创新提供了可能性。同时，消费者需求的变化和消费观念的转变为破坏性创新提供了广阔的市场空间。政策环境的变化同样会对破坏性创新的发展产生影响。总结，破坏性创新对商业模式的影响主要体现在以下几个方面：

（1）消费者主权时代来临。在破坏性创新的影响下，消费者需求日益多样化、个性化，企业必须以用户为中心，快速响应市场变化，实现定制化、差异化的产品和服务。

（2）价值主张的创新。破坏性创新通过提供与传统产品或服务不同的价值主张来吸引消费者。这种新的价值主张可能更符合消费者的需求或提供更高效、更便捷的产品或服务。例如，共享单车作为一种新型出行方式，提供了方便、快捷、环保的价值主张，满足了短途出行的市场需求。

（3）商业模式的变革。破坏性创新推动企业从传统的生产驱动、销售驱动转向创新驱动，这就实现了盈利模式的转变。如特斯拉通过创新技术、小米的互联网营销模式等，都在挑战传统商业模式的边界。

（4）竞争优势的重塑。破坏性创新能够帮助企业建立新的竞争优势，并打破原有市场的竞争格局。例如，通过提供个性化定制的产品或服务，企业能够满足消费者的独特需求，从而在市场竞争中脱颖而出。

（5）竞争策略的调整。在破坏性创新时代，企业需要从追求规模经济转向注重创新生态的构建，通过与合作伙伴、竞争对手共同创新，可以实现产业协同。

电动汽车行业的成功是破坏性创新的典型案例。特斯拉将科技与汽车产业相结合，引领了一场汽车行业的革命。与传统汽车企业不同，特斯拉不依靠传统的经销商网络，而是采用直销模式，更加贴近消费者需求。同时，特斯拉在产品设计和技术应用上不断创新，如采用高性能电池技术和自动驾驶技术等，提高了产品的附加值和市场竞争力。

特斯拉的成功不仅体现在产品和技术的创新上，更在于商业模式的创新。特斯拉通过建立自己的品牌和渠道，打破了传统汽车产业的利益分配格局。这种直接与消费者建立联系的模式使得特斯拉能够更好地理解市场需求和消费者行为，从而快速响应市场变化。此外，特斯拉还采用了独特的融资方式，如租赁和分期付款等，降低了消费者的购车门槛，从而进一步扩大了市场份额。

通过特斯拉的案例可以看出，破坏性创新在重塑商业模式新格局方面具有巨大的潜力。通过不断探索和创新，企业能够发现新的市场机会和发展空间，并实现商业模式的转型升级。

随着科技的不断进步和市场的不断变化，越来越多的企业开始意识到破坏性创新的重要性并积极寻求转型。未来，随着大数据、人工智能、虚拟现实等新技术的应用和发展，破坏性创新将进一步推动商业模式的变革和创新。

为了更好地应对破坏性创新带来的挑战和机遇，企业需要保持敏锐的市场洞察力，并持续进行技术研发和创新投入。同时，企业还需要调整组织架构和管理模式，以适应新的商业模式和市场环境。此外，企业应加强与产业链上下游企业的合作与协同发展，共同推动行业的进步和创新。

政府和相关机构也在为破坏性创新提供良好的政策环境和公共服务支持。例如，加强知识产权保护、优化营商环境、支持创新创业等措施，都有助于激发企业和个人的创新活力，并推动商业模式的新格局发展。

总之，通过不断创新和探索新的商业模式和发展路径，企业能抓住市场机遇并获得持续竞争优势。在这个过程中，政府、企业和个人需要共同努力，共同推动商业模式的转型升级和可持续发展。

跨领域创新吸引多元化创新生态

跨领域创新通过拓展新的领域或与其他领域进行交叉融合，有助于企业拓宽新的市场空间和机会，扩大业务范围和用户基础，并构建一个多元化的生态系统。

实施跨领域创新的驱动力来自市场变化和技术发展。随着消费者需求的变化和技术的不断创新，企业需要灵活应对市场变化并抓住新的机会。通过深入了解市场需求和技术趋势，寻找合适的合作伙伴与资源整合，培养跨界人才与组织文化，以及持续优化商业模式与生态管理，企业可以实现跨领域创新，并构建一个具有竞争优势的生态系统。

跨领域创新策略的核心在于跨越原有的行业边界，拓宽新的市场空间和机会。例如，特斯拉的汽车不仅具备自动驾驶功能，还可以作为储能设备为家庭和企业提供可再生能源。特斯拉还通过太阳能屋顶和Powerwall家庭储能系统等产品，实现了电动汽车与可再生能源的完美融合。这种跨界融合不仅提高了特斯拉产品的附加值和市场竞争力，还为整个生态系统带来了更多的合作伙伴和共赢机会。特斯拉与公用事业公司合作，将家庭储能系统与电网相结合，实现了智能能源管理；与酒店和房地产开发商合作，将太阳能屋顶和储能系统集成到建筑中，打造出了绿色建筑生态。

可见，特斯拉的跨领域创新不仅仅局限于汽车制造。特斯拉将电动汽车技术与智能驾驶、能源存储和可再生能源相结合，创造出了一个完整的生态系统。

通过对特斯拉跨领域创新的相关分析，可以得出这样的结论：跨领域创新的驱动力来自市场变化和技术发展。随着消费者需求的变化和技术的不断创新，企业需要不断拓宽新的领域或与其他领域进行交叉融合，以满足市场需求并保持竞争优势。例如，随着移动互联网的普及和人工智能技术的发展，许多企业开始将移动应用和智能技术应用于传统行业中，来创造出新的商业模式和产品。

同时，跨领域创新为企业提供了新的增长点和竞争优势。通过进入新的领域或与其他领域进行交叉融合，企业可以开拓新的市场空间和机会，扩大业务范围和用户基础。这种创新策略还可以提高企业的灵活性和适应性，使其能更好地应对市场变化和竞争压力。

更重要的是，跨领域创新有助于企业构建一个多元化的生态系统。在这个生态系统中，企业可以与不同领域的合作伙伴共同创造价值，实现资源共享和优势互补。这种生态系统不仅可以提高企业的竞争力，还可以为用户提供更全面、个性化的解决方案。那么，实施跨领域创新具体有哪些策略建议呢？

（1）深入了解市场需求与技术趋势。通过市场调研和分析，企业可以发现潜在的市场机会和用户需求；通过关注技术发展动态，企业可以了解最新的技术和创新方向。

（2）寻找合适的合作伙伴与资源整合。企业应积极寻找具有互补优势和共同价值观的合作伙伴，通过合作实现资源共享和优势互补；还应关注行业政策和法规的变化，以确保合作的合规性和可持续性。

（3）培养跨界人才与组织文化。企业应注重培养具有多元知识和技能的员工，要鼓励员工跨界交流与合作；还应营造开放包容的组织氛围，来鼓励员工的创新思维和实践精神。

（4）持续优化商业模式与生态管理。企业应关注市场反馈和用户需求的变化，并及时调整和创新产品与服务；还应加强与合作伙伴的沟通与协作，共同优化整个生态系统的运作效率和价值创造。

这些信息将有助于企业制定合适的战略和决策，使其提高适应性和创新能力，并更好地应对市场变化和竞争压力，从而不断为其用户和社会创造价值。

作为行业领军者，三一重工凭借其先进的技术、优质的产品和服务，在国内外市场均享有盛誉。近年来，三一重工通过围绕"全球化、数智化、低碳化"新"三化"战略，加强了研发创新，推进了制造平台变革，并跨领域创新，积极吸引和构建多元化创新生态，展现了其在现代工业领域的独特竞争力。三一重工的转型样本揭示了多元化跨界与"互联网＋变革"的重要性，同时也凸显了其在适应和引领市场变化方面的敏锐洞察力。

从经营情况来看：三一重工2023年前三季度实现营业收入555.22亿元，同比小幅下降5.15%。营业利润47.77亿元，同比增长15.07%，归母净利润40.48亿元，同比增长12.51%。三一重工2023年上半年综合毛利率为24.03%，与2022年23.55%的毛利率相比，提高了0.48个百分点，毛利率保持在较高水平。

从全球化来看：三一重工2023年上半年实现国际收入224.66亿元，同比大幅度增长35.87%，国际收入占营业收入比重56.88%。各区域实现销售收入情况如下：亚澳区域89.38亿元，增长22.07%；欧洲区域81.82亿元，增长71.56%；美洲区域39.58亿元，增长22.65%；非洲区域13.88亿元，增长14.14%。

从数智化来看：三一重工2023年上半年研发投入4.33亿元，同比增长48.50%，研发投入占营收比例约为11.06%，同比上升。其中研发人员894人，同比增长18.41%，发明专利合计113个，研发创新重点发力。

从低碳化来看：三一重工2023年上半年新能源电站业务滚动开发贡献了利润，存量风力发电站411.6兆瓦，在建风场707.1兆瓦，上半年对外转让风力250兆瓦，在清洁能源转型中贡献着重要力量。

三一重工以工程机械为主营业务基础，通过全方位布局，复制其在工程机械领域的成功经验，将业务迅速扩展至其他领域。例如，在装配式建筑领域，三一重工通过收购中山快而居公司，迅速进入建筑工业化装备领域，并快速成为PC（混凝土预制件）装备龙头，占据我国PC成套装备40%以上的市场份额。这一成功转型增强了三一重工的市场竞争力，为其带来了新的增长点。

此外，三一重工还积极涉足其他领域，如电商、银行、保险、风投和手机行业等。通过与银行、保险企业等合作，三一重工推出了基于设备运行数据的全生命周期规划专业保险，实现了跨界竞争。同时三一重工还联合其他企业成立了民营银行，来为客户提供金融服务。在手机行业，三一重工面向特定客户场景推出了三防手机，进一步丰富了其产品线。

三一重工的跨领域创新战略不仅拓宽了其业务范围，也为其带来了更多的创新机会。通过与不同领域的合作伙伴共同研发、分享技术和市场资源，三一重工得以保持其在行业内的领先地位。同时，这种多元化创新生态也有助于降低单一业务的风险，提高公司的整体抗风险能力。

由此可见，三一重工通过跨领域创新和构建多元化创新生态，成功地吸引了更多的创新资源，提高了公司的竞争力。这种战略转型不仅有助于三一重工在激烈的市场竞争中保持领先地位，也为其创新发展提供了新的思路和方向。

总之，跨领域创新对于吸引和构建多元化创新生态具有至关重要的作用。企业通过跨领域创新，不仅可以拓宽业务范围，还可以吸引多元化的创新资源和合作伙伴，从而构建一个充满活力和竞争力的创新生态系统。这种创新生态有助于企业保持市场优势、创新动力和发展机会。因此，对于现代企业而言，积极拥抱跨领域创新、构建多元化创新生态，是提升竞争力和实现持续发展的重要途径。

下篇
商业模式裂变落地与实施

第七章　大数据管理，从业务驱动到数据驱动

在传统的业务驱动的管理模式下，企业的决策主要基于经验和直觉，而不是数据。随着大数据技术的出现和普及，数据驱动的管理模式逐渐崛起。数据驱动的管理模式是指企业通过收集、整理和分析大量的数据，为决策提供依据，从而提高决策的准确性和效率。

夯实数据采集基础，加快业务协同上云

随着科技的飞速发展，数字化浪潮席卷全球，各个行业都在经历着前所未有的变革。在这样的背景下，企业的管理模式也正经历着从传统的业务驱动向数据驱动的转变。数据不再是简单地记录和呈现，而是成为企业决策、创新和竞争的关键。商业模式裂变，必须加强数字化管理，这就要求有强大的数据支撑。为此，夯实数据采集基础、加快业务协同上云显得尤为重要。

1. 夯实数据采集基础

数据是数字化转型的基础，没有充足、高质量的数据，数字化转型就无从谈起。要夯实数据采集基础，需要从数据源、采集手段、数据存储与

分析三方面入手。

（1）多元且丰富的数据源。企业需要打破传统思维定式，这就要求企业不仅要将眼光放在企业内部，更要广泛拓展外部数据源。包括但不限于，消费者行为数据、市场趋势数据、竞争对手数据等。通过多元的数据源，企业能更全面地了解市场和客户需求。

（2）先进的数据采集手段。利用大数据、物联网、人工智能等技术，实现更高效、精准的数据采集。例如，通过传感器实时收集产品使用情况；利用人工智能识别和分析消费者行为；运用云计算进行大规模数据处理等。

（3）强大的数据存储与分析能力。构建企业级数据中心，实现对海量数据的集中存储与管理。借助数据分析工具，深入挖掘数据价值，来为企业决策提供有力支持。同时，要关注数据安全与隐私保护，要确保数据安全可控。

2.加快业务协同上云

业务协同是企业高效运作的关键，上云则是实现业务协同优化的重要途径。通过上云，企业可以实现资源共享、流程优化和快速响应市场变化。要实现这一目标，需要重点关注以下几个方面：

（1）选择合适的云平台与服务供应商。根据企业业务需求和成本考虑，选择合适的云平台和服务供应商。例如，公有云、私有云或混合云模式。同时，要关注供应商的稳定性和可扩展性，以确保企业业务的长远发展。

（2）实现业务流程的云端化。将业务流程逐步迁移至云端，实现业务流程的自动化和优化。例如，通过云计算实现项目管理、财务管理、供应链管理等关键业务流程的实时协同与共享。

（3）强化信息安全与隐私保护。在享受云服务带来的便利的同时，要高度重视信息安全与隐私保护。采用先进的安全技术和管理措施，以确保企业核心信息资产的安全可控。

（4）提升员工数字化素养。加强对员工的数字化培训，提升全员数字化意识和技能，使员工能够更好地适应数字化工作环境，以提高工作效率和创新能力。

3. 企业云上协同的重点方向

目前，我国上云企业中超过70%使用了多个云，这说明了两方面的问题：一方面说明了企业对上云协同的迫切需要；另一方面说明了企业上云的多样性需求。因此，上云用数赋智已经成为企业数字化转型和实现商业模式创新裂变的重要方向和发挥数据要素价值的重要基础，但企业在上云过程中面临着数据流动和数据存储上的诸多问题。这就要求企业在加快实现云上协同的同时，必须做到以下几点：

（1）加快设备上云上链，尤其是重点设备和关键业务，以提高数据流通效率。

（2）做好网络建设，扩大5G、TSN（时间敏感网络）等技术应用的深度与广度。

（3）引导企业做好内网与外网改造，为设备互联网奠定良好的基础。

（4）持续推进企业数据中心建设，以满足强宽带、大流量、高速度的应用访问需求。

总之，夯实数据采集基础、加快业务协同上云是推动商业模式数字化裂变的关键措施。通过多元的数据源、先进的数据采集手段和强大的数据存储与分析能力夯实数据采集基础；通过选择合适的云平台与服务供应商、实现业务流程的云端化、强化信息安全与隐私保护、提升员工数字化素养来加快业务协同上云。这些措施将有助于企业更好地应对市场竞争和提升自身竞争力,并实现以数字化管理推动企业商业模式的创新裂变。

增强模型有效积累,推动关键业务沉淀复用

在商业模式的数字化转型中,积累有效的数据模型以推动关键业务的沉淀复用显得尤为重要。本节将围绕两个方面展开论述,以期为企业数字化管理提供有益参考。

1. 增强模型有效积累

通过不断积累和优化数据模型,企业可以更好地洞察市场趋势、提高运营效率、优化决策过程。为了实现这一目标,企业需要从以下几个方面入手:

(1)建立统一的数据模型标准。目的是确保数据模型的有效积累,包括数据模型的命名规范、数据格式、数据质量标准等方面。通过统一的标准,企业可以更好地整合不同部门、不同业务的数据模型,从而提高数据的一致性和可操作性。

(2)强化数据模型的持续优化。数据模型的有效性随着时间和业务变化而变化,因此企业需要不断对数据模型进行优化和调整,包括对数据模型的算法进行改进、对数据源进行更新、对数据模型的结构进行调整等。通过持续优化,企业可以确保数据模型始终与业务需求保持一致,从而提高数据模型的预测能力和指导价值。

(3)构建完善的数据治理体系。企业需要构建完善的数据治理体系,明确数据的所有权、使用权和管理权,以确保数据的准确性和安全性。同

时，企业需要建立数据质量管理团队，对数据质量进行定期检查和评估，在数据质量出现问题时，能及时发现和解决。

（4）推动数据模型的共享与传承。企业可以建立数据模型仓库，将各类数据模型进行分类和归档，以方便员工查询和使用。同时，企业需要加强对数据模型的培训和知识传递，使员工能够更好地理解和应用数据模型，从而提高数据模型的利用率。

2.推动关键业务沉淀复用

通过沉淀复用关键业务，企业可以提高工作效率、降低成本、优化用户体验。为了实现这一目标，企业需要从以下几个方面入手：

（1）识别关键业务沉淀。企业需要明确哪些业务是关键业务，并对其进行分析和总结，包括业务流程、业务规则、业务策略等方面。通过识别关键业务沉淀，企业可以更好地掌握业务的核心要素和价值点，并以此为后续的沉淀复用提供基础。

（2）构建标准化的业务沉淀模板。目的是方便后续的沉淀复用，包括业务流程图、业务规则表、业务策略文档等方面。通过标准化模板的构建，企业可以更好地规范业务沉淀的表达方式，从而提高沉淀复用的效率和准确性。

（3）建立业务沉淀复用机制。为了实现业务沉淀的复用，企业需要建立完善的复用机制，包括建立复用流程、制订复用计划、设立复用团队等方面。通过复用机制的建立，企业可以更好地管理和控制沉淀复用的过程，并确保沉淀复用的效果和质量。

（4）持续改进和优化沉淀复用过程。业务沉淀复用是一个持续的过程，需要不断地进行改进和优化。企业需要关注业务变化和市场趋势，并及时更新和调整沉淀复用的内容和方式。同时，企业需要关注沉淀复用的效果和反馈，及时发现和解决存在的问题，以提高沉淀复用的效果和质量。

综上所述，通过增强模型有效积累和推动关键业务沉淀复用两个方面的工作，企业可以更好地应对商业模式裂变和数字化管理的挑战，从而提高自身竞争力和可持续发展能力。在实际操作中，企业需要根据自身实际情况和市场环境的变化，不断调整和完善数字化管理策略和实践，以实现商业模式的数字化转型和创新发展。

某制造企业希望通过数字化转型实现商业模式的创新与裂变，结合企业所在行业与经营实际，为企业的数字化管理运营制定了两条并行发展轨道：一条是围绕重点设备创建数字化仿真模型，例如，围绕高耗能设备、动力设备等创建设备寿命预测、运行参数模拟等模型，来为数字化生产线的全面运用提供有效支持；另一条是引入最先进的业务建模工具，创建机制并培育模型管理引擎，对研发设计、生产制造、运维服务等环节进行数字化管理，从而优化各环节的运作流程，提高生产效率。

通过对两条轨道的分析可以看出，增强模型有效累计必须结合企业所在行业和企业实际经营情况，只有在此基础上才能建立有益的、高效的关键业务沉淀复用。

强化解决方案培育，提高企业资源整合效率

随着全球化和数字化的深入发展，企业面临的竞争环境日趋复杂。在这样的大背景下，强化解决方案培育并提高企业资源整合效率显得尤为重要。解决方案培育是指为企业提供全面、定制化的解决方案，以帮助企业

解决实际问题，提高运营效率。而资源整合则是将企业内外部的各种资源进行合理配置，以实现资源价值的最大化。

数字化管理是强化解决方案培育和提升资源整合效率的核心。数字化管理能够实现数据的实时收集、分析和可视化，并以此为企业提供更加精准的决策支持。同时，数字化管理还能优化企业业务流程，提高工作效率，降低成本。

中国企业在强化解决方案培育和提高资源整合效率方面有很多成功案例。例如，阿里巴巴通过建立完善的供应链体系，实现了对上游供应商和下游客户的全面整合。这种整合既提高了企业的运营效率，也增强了企业的市场竞争力。又如，腾讯通过投资和合作的方式，与各行各业的企业建立了广泛的合作关系，形成了庞大的生态系统。这种生态系统为企业提供了丰富的资源支持，并创造了更多的商业机会。

除了阿里巴巴和腾讯，还有很多中国企业在进行实体经营的同时，也在强化解决方案培育和提高资源整合效率方面取得了显著成果。例如，华为通过自主研发和技术创新，形成了强大的技术实力和品牌影响力，从而为企业的长期发展奠定了坚实的基础。又如，海尔通过推行"人单合一"管理模式，实现了企业内部资源的优化配置和高效利用。这种模式不仅提高了员工的工作积极性和创造力，也为企业创造了更多的价值。

这些成功案例表明，强化解决方案培育并提高企业资源整合效率是实现企业持续发展的重要途径。通过数字化管理，企业不仅可以更好地应对市场竞争和挑战，还能提高自身的竞争力和抗风险能力。同时，企业还需要不断进行创新和变革，以适应不断变化的市场环境和发展需求。

未来，随着科技的不断进步和社会经济的持续发展，企业面临的竞争将更加激烈。为了在竞争中立于不败之地，企业需要进一步加强解决方案培育和资源整合效率的提升。具体而言，可以从以下几个方面入手：

（1）加强数字化建设。随着云计算、大数据、人工智能等技术的发展，数字化已经成为企业发展的必然趋势。企业应该进一步加强数字化建设，并提高数据分析和应用能力，来为企业的决策和运营提供更加精准的支持。

（2）推动模式裂变。企业应不断探索和创新商业模式，拓宽业务领域和合作伙伴关系，形成更加多元化、生态化的企业发展模式。通过模式裂变，企业可以获取更多的资源和商业机会，从而提高自身的竞争力和抗风险能力。

（3）加强资源整合。企业应该进一步加强对内外部资源的整合和利用，形成更加高效的资源配置和利用机制。同时，企业还应加强与合作伙伴的协同合作，以实现资源共享和互利共赢。

（4）打破部门壁垒。企业要打破内部各部门之间的壁垒，提高数据、知识等要素在部门间的流动速度，围绕供应链管理、资产管理、人力资源管理等形成专门的解决方案。

（5）培养人才队伍。企业应该注重人才培养和引进高素质人才队伍，提高企业的技术创新和管理水平，以便更好地应对市场竞争和挑战，并实现可持续发展。

（6）建设赋权与评价体系。企业需围绕员工管理创建赋能赋权体系和绩效评价系统，形成业态组织架构，让资源实现按需调动、按劳分配。

综上所述，数字化管理是企业实现强化解决方案培育并提高企业资源整合效率的关键因素。未来，随着市场竞争的不断加剧和社会经济的持续发展，企业需要不断进行创新和变革，以适应市场需求和发展趋势。只有这样，企业才能在竞争中立于不败之地。

完善数据应用生态，充分挖掘数据要素价值

随着信息技术的深入发展，数据已经成为推动社会进步和创新的核心要素之一。数据不仅是信息的载体，更是推动社会发展、促进经济增长的关键要素。为了充分挖掘数据的潜在价值，完善数据应用生态显得尤为重要。

以智能城市建设为例，完善数据应用生态能够更好地服务城市发展。通过大数据分析，城市管理者可以获取关于交通、环境、人口流动等方面的信息，从而制定更精准的政策。例如，新加坡采用智能交通系统，通过收集和分析大量交通数据，实现了交通拥堵的及时缓解，提高了城市的运行效率。

必须明白，如今我们已经处于数字化时代，数据已经成为企业重要的生产要素和资产。完善数据应用生态，充分挖掘数据要素价值，对于企业的可持续发展和创新至关重要。数据应用生态是指企业在数据收集、存储、处理、分析、应用等方面的完整链条，旨在通过数据驱动决策和优化运营。

数字化管理是完善数据应用生态的核心。数字化管理能够实现数据的标准化、规范化，确保数据的准确性和可靠性。同时，数字化管理还能提高数据处理的效率，降低成本，使企业能够更好地应对市场的快速变化。

腾讯通过微信、QQ等社交平台积累了大量的用户数据，并利用这些数据优化了产品和服务。腾讯的大数据分析团队通过对用户行为、兴趣爱

好等方面的分析,为企业提供了精准的广告投放和市场营销策略,实现了商业价值的最大化。

京东通过大数据分析,优化了仓储和物流管理,提高了配送速度和客户满意度;美团则利用大数据分析消费者的餐饮喜好和消费习惯,为商家提供了精准的营销策略,提高了销售额。

这些成功案例表明,完善数据应用生态并充分挖掘数据要素价值是实现企业商业模式裂变与持续发展的必经之路。因此,完善数据应用生态,充分挖掘数据要素价值,现已成为我国企业数字化管理的重要任务。可以通过以下两个方面实现:

1. 构建完善的数据应用生态

要充分挖掘数据的价值,要建立一个完善的数据应用生态。这个生态包括数据的采集、存储、处理、分析、应用等各个环节。企业需要从法律法规、管理标准、技术手段、产业协同等多个方面,推动数据应用生态的构建。

(1)法律法规。制定数据应用的法律法规,明确数据采集、存储、处理、分析和应用的合法性,保护数据主体的权益,打击数据侵权行为。

(2)管理标准。企业要形成数据管理标准并推广应用,以确保数据的保密性、完整性和可用性。创建数据分级分类管理制度,搭建数据管理能力成熟度模型。

(3)技术手段。运用大数据、人工智能、云计算等先进技术,提高数据的采集、存储、处理、分析能力,为数据应用提供强大的技术支持。

(4)产业协同。推动数据产业链的协同发展,打破"数据孤岛",实现数据资源的共享,促进数据应用的繁荣。

2. 挖掘数据要素的价值

在完善数据应用生态的基础上，企业需要深入挖掘数据要素的价值。数据的价值体现在以下几个方面：

（1）提高决策效率。数据可以帮助企业更好地了解社会现象、经济运行、产业发展等各个方面，从而为决策者提供科学、准确的数据支持，提高决策效率。

（2）优化资源配置。数据可以帮助企业精准识别需求，优化资源配置，提高资源利用效率。

（3）提升公共服务。数据可以提升公共服务的质量和效率，满足人民群众日益增长的美好生活需要。

综上所述，完善数据应用生态，充分挖掘数据要素价值，是推动我国企业信息化发展和数字化管理的重要任务。企业必须在法律法规、管理标准、技术手段、产业协同等方面下功夫，构建一个完善的数据应用生态，并且深入挖掘数据的价值，为企业的发展壮大和我国社会经济发展注入新的活力。

打造数字生产体系，产品全生命线的数字主线

自动化和智能化生产，是指通过引入自动化设备和智能控制系统来实现生产过程的自动化和智能化，其能提高生产效率。这个理论归功于著名的美国经济学家罗纳德·柯斯（Ronald Coase）在《企业、市场和成本》（"*The Nature of the Firm*"）中提出的"交易成本理论"。

资源优化配置，是指通过数字化技术实现生产资源的合理分配和利

用，以降低能源消耗、减少人力成本，并提高生产效益。这个理论可以追溯到经济学家亚当·斯密（Adam Smith）的经典著作《国富论》（*The Wealth of Nations*）中关于分工和专业化的理论。①

随着科技的飞速发展，数字化、智能化已经成为企业提高生产效率、降低成本、提高产品质量的关键途径。我国正处于产业升级的关键时期，企业如何把握数字化发展的趋势，打造数字生产体系，实现产品全生产线的数字化，是当前亟待解决的问题。

构建数字化生产体系的必要性可以通过以下几个方面体现：

（1）提高生产效率。数字化生产体系可以通过自动化设备、智能控制系统等手段，实现生产过程的自动化、智能化，从而提高生产效率。

（2）降低成本。通过数字化技术，企业可以实现生产资源的优化配置，降低能源消耗，减少人力成本，提高生产效益。

（3）提高产品质量。数字化生产体系可以实现对生产过程的实时监控和数据化管理，能确保产品质量的稳定性和可靠性。

（4）满足个性化需求。数字化生产体系可以灵活调整生产线，满足市场多样化、个性化的需求。

（5）增强企业竞争力。构建数字化生产体系，有利于企业把握市场发展趋势，提升产品竞争力。

打造数字化生产体系的路径需要从顶层设计开始，逐步实现设备更新、数据采集、数据处理、系统集成和持续优化几大步骤。

（1）顶层设计。企业应制定数字化发展战略，明确数字化生产体系的建设目标、任务和路径。

---

① 亚当·斯密. 国富论 [M]. 富强，译. 北京：北京联合出版公司，2014.

（2）设备更新。企业应引进先进的数字化设备，如工业机器人、智能控制系统等，以提高生产线的数字化水平。

（3）数据采集与处理。企业应建立完善的数据采集与处理体系，通过实时收集生产过程中的数据，来为决策提供依据。

（4）系统集成。企业应实现各个生产环节的数字化系统的高度集成，形成完整的数字化生产体系。

（5）持续优化。企业应不断对数字化生产体系进行优化和升级，以提高生产线的适应性和灵活性。

数字化生产体系需根据企业所在行业与企业具体经营情况而定，但通常在实际经营中，产品全生产线中的应用离不开设计环节、生产环节、物流环节、销售环节、服务环节（见图7-1）。

生产环节
实现生产过程的自动化、智能化，以提高生产效率和产品质量。

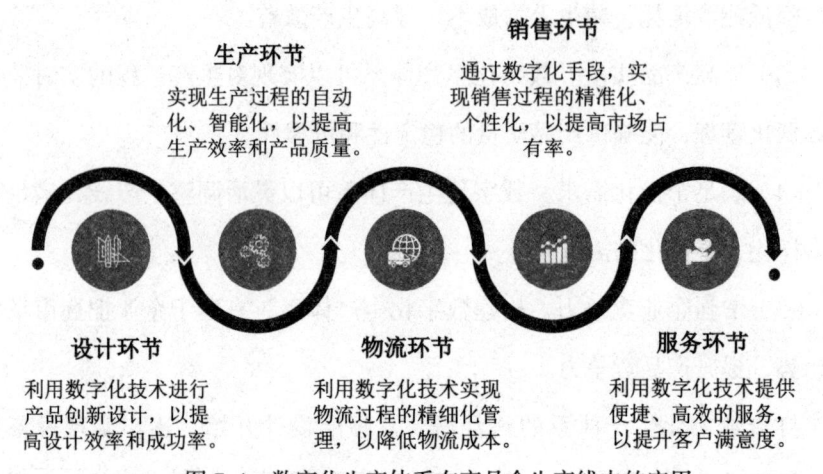

销售环节
通过数字化手段，实现销售过程的精准化、个性化，以提高市场占有率。

设计环节
利用数字化技术进行产品创新设计，以提高设计效率和成功率。

物流环节
利用数字化技术实现物流过程的精细化管理，以降低物流成本。

服务环节
利用数字化技术提供便捷、高效的服务，以提升客户满意度。

图7-1 数字化生产体系在产品全生产线中的应用

打造数字生产体系，实现产品全生产线的数字化，是企业发展的重要方向。如今，数字化已经逐渐渗透到各个行业和领域中，下面结合具体案例进行详细分析，探讨小米如何打造数字生产体系，通过产品全生命线的数字主线来提升企业的竞争力。

在制造业中，数字化转型已经成为企业升级和转型的关键。小米作为一家成功的科技企业，其在数字化管理方面做出了许多有益的探索和实践。以下是小米在数字化管理方面的6个关键方面：

（1）数据驱动的决策。小米建立了完善的数据分析体系，通过对用户行为、市场趋势、竞品分析等方面的数据采集和分析，使企业的决策有了更有力的支持。小米的数据团队通过数据挖掘和分析，来发现用户的需求和痛点，为企业提供了更有针对性的产品和服务建议。

（2）智能制造。小米采用先进的自动化生产线和智能化设备，实现了生产过程的可视化和可控制化。通过数据采集和分析系统，实时监控生产线的运行状态，能及时发现和解决生产过程中的问题。同时，小米还通过引入人工智能技术，对生产数据进行处理和分析，提高了生产效率和产品质量。

（3）数字化营销。小米充分利用互联网和社交媒体等数字化渠道，实现了精准营销和个性化服务。通过建立用户画像和数据分析系统，了解用户的需求和行为习惯，为用户提供了更加个性化的产品和服务推荐。同时，小米还通过线上线下的全渠道营销策略，提高了品牌的知名度和市场份额。

（4）数字化供应链管理。小米采用数字化的手段，实现了供应商、生产商、分销商等各方的信息共享和协同工作。通过建立供应链管理系统，实时监控库存和物流状态，降低了库存和物流成本。同时，小米还通过与供应商建立紧密的合作关系，共同研发新产品和技术，提高了整个供应链的竞争力。

（5）云计算与大数据技术应用。小米自建了大规模数据中心，采用了云计算和大数据技术，实现了海量数据的存储、分析和处理。通过云计算技术，小米实现了业务的快速扩张和服务的高可用性。通过大数据技术，小米对海量数据进行分析和挖掘，为企业决策提供了有力支持。

（6）持续优化与改进。数字化管理是一个持续的过程，需要不断地进行优化与改进。小米时刻关注业界动态，及时引进新技术和方法，不断完善和优化自身商业模式。同时，小米还十分关注客户反馈和市场变化，持续改进产品和服务质量，提升了客户满意度和忠诚度。

综上所述，小米在数字化管理方面的实践表明，通过数字化管理手段的应用，企业可以更好地了解市场需求和业务状况，提高生产效率和产品质量，实现精准营销和个性化服务，降低库存和物流成本等。

未来，随着科技的不断发展，实施数字化管理将成为更多企业的必然选择。企业应该抓住机遇，加强数字化建设，注重数字化转型的战略规划和落地实施，建立完善的数据治理体系和组织架构，以应对市场的挑战和机遇，并实现企业的盈利模式创新与裂变。

第八章 智能化生产，开启"智造未来"新模式

智能化生产，即利用先进的信息技术，实现生产过程的自动化和智能化。这一模式的出现，标志着企业商业模式的创新与裂变正迈向新的历史阶段，它不仅优化了传统制造业，也催生了一系列新兴产业和业态。随着技术的不断进步，未来的智能化生产将更加高效、灵活和可持续，并为全球制造业的转型升级提供强大动力。

智能化生产的三大场景

智能化生产正成为当今工业发展的趋势，它通过将先进的信息技术与制造技术相结合，实现了生产过程的智能化、高效化和柔性化。智能化生产的三大场景包括智能化工厂、智能化供应链和智能化产品。本节将详细解析智能化生产的三大场景，与大家共同探讨如何重塑未来产业格局。

场景一：智能化工厂

智能化工厂以智能制造为主导，综合运用自动化、大数据、物联网、人工智能等先进技术，对工厂的生产线、设备、人员等资源进行智能调度和优化，使工厂的生产方式向智能化转型，实现生产过程的自动化、信息

化和智能化。它既能提高生产效率、降低生产成本，还能提高产品质量和缩短产品上市时间。智能化工厂具有以下三大核心特征：

（1）高度自动化。在智能化工厂中，传统的机械设备将被高度自动化的机器人取代。这些机器人能够完成一系列复杂的生产动作，包括搬运、加工、检测等。通过精确的程序控制，机器人可以确保每一个生产环节都达到最优状态，从而大大提高生产效率。

（2）数据驱动。智能化工厂中的各种设备和系统都能与生产管理系统进行数据交互。通过实时收集和分析生产数据，系统可以及时调整生产策略，以应对市场需求的变化。此外，数据驱动的智能化工厂还能对设备进行预防性维护，有效降低设备故障率。

（3）快速响应。智能化工厂能够快速响应市场变化和消费者需求。通过实时分析市场趋势和用户反馈，工厂可以快速调整产品结构和生产策略，从而更好地满足市场需求。此外，智能化工厂还具有弹性生产能力，能够快速适应生产任务的变动。

宝马汽车生产线是智能化工厂的典范之一。宝马采用了先进的机器人技术、物联网技术和数据分析技术，将整个生产线进行了全面智能化改造。

在宝马的生产线上，高度自动化的机器人负责完成焊接、涂装、装配等复杂工序。这些机器人通过精确的程序控制，能确保每一个环节都达到高品质标准。同时，宝马还采用物联网技术，将生产线上的各种设备和系统进行互联互通，实现数据交互和实时监控。通过数据分析技术，宝马能够实时收集和分析生产数据，并以此及时调整生产策略，提高生产效率。此外，宝马还建立了智能化质量检测系统，以对每辆汽车进行严格的质量把关。

通过智能化工厂的建设,宝马成功提高了生产效率、降低了生产成本、提高了产品质量,进一步巩固了其在全球汽车市场的领先地位。

场景二:智能化供应链

智能化供应链强调对供应链体系的智能化管理和协同,在信息技术和智能设备的基础上,通过数据共享和智能预测等技术手段,对整个供应链体系进行优化和重塑,以实现物流、信息流、资金流的协同高效运作,提高整个供应链的运作效率和响应速度。智能化供应链具有以下四大核心特征:

(1)透明化。智能化供应链通过实时追踪和记录货物的状态和位置信息,使整个供应链体系变得透明可见。这有助于企业及时发现和解决潜在问题,提高供应链的可靠性和效率。

(2)预测性。智能化供应链能够根据历史数据和市场趋势进行预测,提前调整库存和物流策略,以应对市场需求的变化,有助于企业降低库存成本、提高物流效率。

(3)协同性。智能化供应链能够实现与供应商、制造商、物流服务商等各方的信息共享和协同作业。通过实时数据交互和任务调度,各方可以更好地协调工作,这能提高供应链的整体运作效率。

(4)自动化。智能化供应链采用了各种自动化设备和技术,如无人驾驶车辆、自动化仓库等,以降低人工干预和提高作业效率。

京东物流智能供应链是智能化供应链的典型案例之一。京东通过建立智能化的物流体系,实现了对整个供应链体系的优化和重塑。

京东物流智能供应链采用了先进的物联网技术和数据分析技术,实现了对货物状态和位置的实时追踪和记录,使得京东能够实时掌握货物的运输情况,及时发现和解决潜在问题。此外,京东还建立了预测模型,根据历史数据和市场趋势对未来市场需求进行预测，提前调整库存和物流策略，降低了库存成本，提高了物流效率。

此外，京东还与供应商、制造商、物流方面等建立了紧密的合作关系，实现了信息共享和协同作业。通过实时数据交互和任务调度，各方能够更好地协调工作，提高整个供应链的运作效率。同时，京东还采用了各种自动化设备和技术，如无人仓库、自动化分拣系统等，以降低人工干预和提高作业效率。

通过智能化供应链的建设，京东成功提高了物流效率和供应链管理水平，进一步提升了用户体验和品牌形象。

场景三：智能化产品

智能化产品是通过集成智能技术与传统产品，来赋予产品感知、交互和决策能力，从而提升用户体验和产品价值。智能化产品具有以下四大核心特征：

（1）感知能力。智能化产品具备感知外部环境变化的能力，能够收集并处理相关信息。例如，智能手环可以监测用户的健康状况（心率、步数等），智能音箱可以识别用户的语音指令。

（2）交互能力。智能化产品具备与人或其他产品的交互能力。用户可以通过简单的手势、语音或文字指令与产品进行交互，实现人机互动。例如，智能电视可以根据用户的观看习惯推荐内容；智能家居系统可以集中控制家里的灯光、空调等设备。

（3）决策能力。在获取环境感知信息和与人交互的基础上，智能化产品具备一定的决策能力，能根据用户的偏好和需求自动做出响应或推荐。例如，智能冰箱能够根据食品的存储情况自动推荐购买清单；智能助手可以根据用户的日程安排提供行程建议。

（4）学习能力。智能化产品具备学习能力，能够根据用户的习惯和行为进行自我优化。例如，智能音箱通过学习用户的语音特征，可以不断提高语音识别的准确率；智能相机会根据用户的拍照习惯调整参数设置，以获取更好的拍摄效果。

亚马逊 Echo 智能音箱是智能化产品的典型代表之一。Echo 通过集成语音识别、自然语言处理等技术，实现了感知、交互和决策能力，成为用户的贴身助手。

Echo 的核心功能是语音识别和回答用户问题。用户只需对设备说出指令或问题，Echo 就能快速响应，提供相关信息或执行任务。例如，用户可以询问天气情况、设定闹钟、播放音乐等。通过与用户的交互，Echo 能够不断学习和优化，从而提高语音识别的准确率和响应速度。

此外，Echo 还具备与其他智能家居设备的联动能力。用户可以通过简单的语音指令控制家里的灯光、空调、门锁等设备。同时，Echo 还能够根据用户的习惯和需求进行个性化推荐，如餐厅推荐、日程安排等。

亚马逊 Echo 的成功，表明智能化产品在提高生活便利性和智能化水平方面具有巨大潜力。随着技术的不断进步，未来将有更多智能化产品进入人们的日常生活，并为人们带来更加智能、便捷和个性化的体验。

总的来说，智能化生产涵盖了智能化工厂、智能化供应链和智能化产品三个主要场景。通过在这三个场景中实施智能化策略和技术创新，企业可以重塑商业模式，实现生产力的大幅提升和竞争优势的增强。未来，随着人工智能、物联网、大数据等技术的进一步发展，智能化生产将成为推动工业 4.0 和经济发展的重要力量。

智能云：数字化智能转型的基础

在数字化和智能化已经成为时代发展必然趋势的大背景下，智能云作为数字化智能转型的基础，正在对企业的发展与转型产生深远的影响。智能云不仅为企业提供了高效、灵活的 IT 解决方案，还能助力企业商业模式创新与裂变。

智能云，即云计算与人工智能的结合，是一种将计算力、存储和应用服务集中在云端，通过网络提供给用户的模式。智能云集成了大数据分析、机器学习等技术，实现了资源的优化配置和智能管理，使企业能够快速响应市场变化，提高运营效率。

智能云具有弹性扩展、按需使用、智能管理等特性，能够为企业提供高效、稳定、安全的计算和存储服务。

在企业进行数字化智能转型，并以此实现商业模式的创新裂变过程中，智能云发挥着重要的作用。智能云助力企业商业模式创新与裂变的主要作用如下：

（1）提高企业决策效率。借助智能云的大数据分析能力，企业可实时获取市场数据，对消费者需求进行精准洞察。通过机器学习算法对历史数据进行分析，企业可以预测市场趋势，制定更为精准的营销策略。例如，某电商企业利用智能云分析用户的购物行为、浏览历史等数据，为用户推荐个性化商品，提高了转化率。

（2）优化资源配置。智能云能够实时监控企业的各项资源利用情况，自动调整资源分配，从而提高资源使用效率。对于制造型企业，智能云可以根据生产线的实时需求动态分配物料、人力等资源，这就能降低库存成本，提高生产效率。

（3）促进企业内部协作。通过智能云平台，企业各部门可实现信息共享，加强内部沟通与协作。智能云还为企业提供了远程办公的可能性，使得团队成员无论身处何地，都能高效完成任务，提高了企业的灵活性和应对能力。

（4）驱动产品创新。结合人工智能技术，企业可以对产品进行智能优化和迭代。例如，某企业通过分析用户反馈和行为数据，对产品进行有针对性的改进，提高了用户满意度。此外，智能云还可助力企业开发出更多基于人工智能的创新产品和服务。

（5）打造新型业务模式。借助智能云的强大计算和存储能力，企业可以拓宽新的业务领域。例如，某企业通过分析用户消费行为和喜好，可以为用户提供定制化服务或推出新的订阅式业务模式。此外，智能云还可助力企业开展数据分析、人工智能服务等增值业务，从而为企业创造新的收入来源。

百思买（BestBuy）在数字化转型过程中，积极引入智能云技术。首先，百思买通过智能云的大数据和人工智能技术，对其海量用户数据进行深入挖掘，精准洞察消费者需求，使得企业能够为消费者提供更为个性化的购物体验。其次，百思买借助智能云平台实现了内部信息的实时共享与高效沟通。此外，通过分析消费者行为数据，百思买还推出了定制化商品和服务，进一步满足了消费者的需求。同时，利用智能云的强大计算能力，百思买优化了库存管理，降低了库存成本。

过去的几年里，百思买通过智能云的助力实现了商业模式的创新与裂变。其销售额和用户规模大幅增长,市场竞争力显著提升。

由此可见,智能云作为数字化转型的核心驱动力,正助力企业商业模式创新与裂变。它为企业提供了高效的数据分析、资源优化和内部协作能力,推动了产品创新和业务拓展。通过深入应用智能云技术,企业将能更好地适应市场变化,提升竞争力并创造更多商业机会。未来,随着技术的不断进步和市场的持续演变,智能云将在更多领域发挥更大的作用,并为企业的持续发展注入强劲动力。

技术进步推动AI驶出数据中心

随着人工智能(AI)技术的迅猛发展,其应用场景已经不再局限于数据中心。技术进步使得AI能够更加高效地在边缘设备上运行,推动了AI向更广阔的领域拓展。本节将详细阐述技术进步如何助力AI驶出数据中心,并通过一个案例具体说明。

过去,AI主要在数据中心进行训练和推理,依赖强大的计算资源和庞大的数据集。然而,随着技术的不断进步,AI正逐渐从数据中心转移到边缘设备。这得益于几个关键因素:硬件性能提升、算法优化和通信技术的发展。

(1)硬件性能提升。随着芯片制造工艺的不断进步,边缘设备的计算能力得到了大幅提升。这使得边缘设备能够胜任更加复杂的AI任务,而无须将数据传输到数据中心。此外,一些专为AI设计的芯片,如Tensor Processing Unit(TPU),为边缘设备提供了强大的AI计算能力。

(2)算法优化。研究人员通过不断改进算法,使其更加适合在资源受限的边缘设备上运行。例如，一些轻量级的神经网络模型，如 MobileNet 和 EdgeTPU，可以在边缘设备上快速推理，并且不会对性能造成太大影响。

（3）通信技术的发展。5G、Wi-Fi 6 等新一代通信技术为大量数据的快速传输提供了保障，使得边缘设备可以实时接收并处理数据，而不会出现严重的延迟。

由此可见，随着科技的飞速发展，人工智能（AI）已经不再是一个遥不可及的概念，它不仅更加贴近人们的生活，也为企业的商业模式创新与裂变提供了最强劲的技术支持。

边缘计算的兴起为 AI 提供了更靠近数据源的处理能力，部分计算任务从中心服务器转移到网络边缘。AI 模型可以在离数据源更近的地方进行实时处理，从而降低延迟、提高效率。例如，在无人驾驶领域，边缘计算可以帮助车辆更快速地处理传感器数据，做出更安全的驾驶决策。

AI 模型的压缩和优化技术的发展，可以将 AI 模型压缩到更小的体积，运行在资源受限的设备上。例如，在智能手机上运行的 AI 应用可以实时识别物体、翻译语言，从而为用户提供便捷的服务。

AI 与物联网（IoT）的结合使 AI 能更好地感知现实世界，这让智能家居、智能城市等应用得以实现。AI 与区块链的结合通过提高数据的安全性、可追溯性，可以为金融、医疗等领域带来新的机遇。

以法国罗格朗集团的 Bticino 智能家居品牌为例，随着人们对智能生活的需求日益增长，AI 在智能家居领域的应用也越来越广泛。技术进步使得 AI 可以在智能家居设备上运行，而无须依赖数据中心（见图 8-1）。

硬件性能提升

Bticino智能家居设备中的芯片性能不断提升，使得设备能够处理更加复杂的AI任务。例如，智能音箱中的语音识别芯片可以实时接收语音数据，并将其转换为文本，然后进行语义分析，以快速响应用户的语音指令。

通信技术的发展

随着通信技术的进步，Bticino智能家居设备可以更加高效地与数据中心进行通信。例如，借助5G网络，Bticino智能家居设备可以实时将用户的语音数据传输到数据中心进行识别和分析，用户也可以通过Bticino智能家居设备实时获取来自数据中心的信息和服务。

算法优化

Bticino研究人员针对智能家居设备的特点，不断优化AI算法，使其更加适合在资源受限的设备上运行。例如，轻量级语音识别模型在智能音箱上快速推理，可以实现实时语音识别；优化后的算法能有效降低误识别率，提高智能家居设备的可靠性。

图 8-1　Bticino 智能家居设备的 AI 打造

在智能家居领域中，AI 的应用场景还包括家庭安全、智能照明、智能家电控制等。通过在边缘设备上运行 AI 算法，实现设备的即时响应和智能化控制，可以提高家庭生活的便利性和安全性。

技术进步使得 AI 在边缘设备上的应用成为可能，推动了 AI 驶出数据中心。这不仅降低了数据中心的运营成本，还使得 AI 应用更加灵活、高效和实时。随着技术的不断进步和应用的不断拓展，未来人工智能将在更多领域实现广泛应用，并为企业的商业模式裂变提供助力。

设计人机创新模式

人机交互（HCI）是研究人与计算机之间互动和沟通的学科。随着科技的不断发展，人机交互已经成为现代计算机科学领域中的重要分支。

人机创新模式是指通过人机交互的方式，将人的创造力和机器的计算能力相结合，以实现创新的设计理念和方法。设计人机创新模式，旨在通过人工智能技术为人们提供更加便捷、高效、智能的生活体验。企业须从以下几个方面探讨如何设计人机创新模式，开启"智造未来"的新篇章。

其一，以人为本，关注用户需求。人工智能技术的发展应以满足人们日益增长的美好生活需要为出发点，关注人们在生活中的痛点、难点问题，从而为用户提供个性化、定制化的解决方案。例如，在智能家居领域，通过人工智能技术实现家庭环境的智能调控，可以满足用户对舒适、节能、安全等方面的需求。

其二，跨界融合，创新技术应用。人工智能技术与其他领域的深度融合，可为人机创新模式提供源源不断的活力。例如，在医疗领域，通过人工智能技术与医疗设备的结合，实现精准医疗、智能诊断等功能，可以提高医疗服务质量。同时，跨界融合还可以推动人工智能技术在教育、交通、金融等领域的广泛应用，为人们提供更加智能化的生活体验。

其三，智能交互，提升用户体验。人工智能技术应致力于解决人机交互的难题，使人与机器之间的沟通更加自然、顺畅。例如，在语音识别领域，可通过深度学习等技术提高识别准确率，使人们能够更加便捷地与智能设备进行语音交流。智能交互还包括手势识别、面部识别等多种形式，能为人们提供全方位的交互体验。

其四，安全可靠，保障用户隐私。人工智能技术在为人们带来便捷的同时，也可能引发安全隐患。因此，在设计人机创新模式时，要高度重视数据安全与隐私保护，采取加密、匿名化等手段，确保用户数据的安全。同时，为了给用户提供安全可靠的服务，要加强人工智能系统的安全防护能力，防止恶意攻击、篡改等行为。

其五，绿色环保，助力可持续发展。人工智能技术应在节能减排、资源优化等方面发挥积极作用，为绿色发展贡献力量。例如，在智能交通领域，通过人工智能技术优化交通信号控制，可以提高道路通行效率，减少拥堵现象。同时，人工智能技术在工业生产、能源管理等方面的应用，也有助于提高资源利用效率，减少环境污染。

因此，人机创新模式的核心思想是"以人为本"，强调人在设计过程中的主导作用，同时也充分利用机器的计算和分析能力辅助设计。人机创新模式的设计过程可以分为以下几个步骤：

第一步——需求分析。通过对用户的需求进行深入了解和分析，明确设计目的和要求。这一步需要设计师与用户进行充分的沟通和交流，以获取准确的信息。

第二步——概念确定。设计师根据用户需求分析的结果，提出多种设计方案，并从中选择最优的方案。这一步骤需要设计师充分发挥自己的创造力和想象力。

第三步——详细设计。在概念设计的基础上，对方案进行细化和完善，包括界面设计、交互方式等。这一步骤需要设计师具备扎实的专业知识和技能。

第四步——原型制作。根据详细设计的结果，制作出相应的原型，以便对方案进行测试和验证。这一步骤需要设计师具备一定的动手能力和制作经验。

第五步——测试/反馈。对原型进行测试，收集用户的使用反馈，并根据反馈结果对方案进行相应的调整和优化。这一步骤需要设计师与用户保持密切的沟通和协作。

为了更好地理解人机创新的具体实施步骤，下面结合具体案例进行详细说明。通过智能化的技术手段，将家庭生活与科技进行有机结合，以提高生活的便利性和舒适度，就是智能家居。而智能家居控制系统就是实现智能家居功能的重要基础设施，那么如何运用人机创新模式对智能家居控制系统进行设计呢？需要参考下面的五个步骤（见图8-2）。

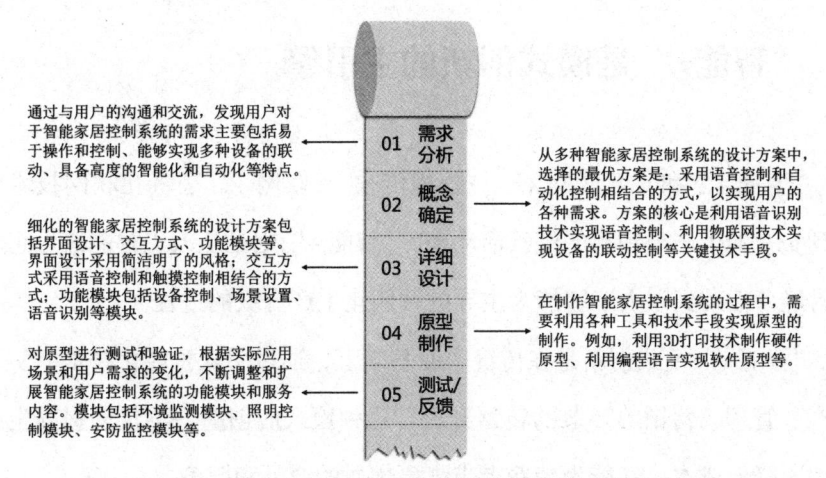

通过与用户的沟通和交流，发现用户对于智能家居控制系统的需求主要包括易于操作和控制、能够实现多种设备的联动、具备高度的智能化和自动化等特点。

01 需求分析

从多种智能家居控制系统的设计方案中，选择的最优方案是：采用语音控制和自动化控制相结合的方式，以实现用户的各种需求。方案的核心是利用语音识别技术实现语音控制、利用物联网技术实现设备的联动控制等关键技术手段。

02 概念确定

细化的智能家居控制系统的设计方案包括界面设计、交互方式、功能模块等。界面设计采用简洁明了的风格；交互方式采用语音控制和触摸控制相结合的方式；功能模块包括设备控制、场景设置、语音识别等模块。

03 详细设计

在制作智能家居控制系统的过程中，需要利用各种工具和技术手段实现原型的制作。例如，利用3D打印技术制作硬件原型、利用编程语言实现软件原型等。

04 原型制作

对原型进行测试和验证，根据实际应用场景和用户需求的变化，不断调整和扩展智能家居控制系统的功能模块和服务内容。模块包括环境监测模块、照明控制模块、安防监控模块等。

05 测试/反馈

图8-2 某企业通过人机创新模式设计智能家居控制系统

通过上述步骤的正确实施，智能家居控制系统的人机创新模式取得了良好的效果，不仅提高了设计的效率和质量，也充分展现了人机交互在现代科技产品中的重要作用和意义。

由此可见，人工智能技术的不断更新，让过去被认为是不可能的科技发展前景变成可能，各行各业都尝到了其带来的益处。人工智能可以提供新的方法，解决一些传统上难以解决的问题，或者帮助人类更好地理解复杂的问题。但是，借助人工智能实施的创新，需要关注的不仅是技术本身，还要关注创新所带来的社会价值和影响。

总之，随着科技的不断发展，未来的人机创新模式将会更加多样化和个性化。人机交互将成为现代科技产品创新的重要方向和发展趋势，并以此为人们的生活带来更多便利和创新的价值。

"智能+"是模式创新的主引擎

"智能+"和"互联网+"一脉相传,"互联网+"是将互联网技术应用到企业的生产与销售的经营活动中,"智能+"则是从人工智能嵌入企业日常经营活动到以人工智能为主导的智能化生产升级的过程。

"智能+"模式创新是在传统产业基础上,通过引入智能化技术,实现生产、管理、营销等环节的转型升级。这种模式的创新,不仅能提高生产效率,降低成本,还能为消费者带来更优质的产品和服务。

智能制造是"智能+"在制造业中的典型应用。通过引入工业互联网、大数据、人工智能等技术,企业可以实现生产过程的智能化,从而提高生产效率,降低能耗和排放。例如,汽车制造企业都会采用智能化生产线,以此提高生产效率,降低不良品率,提高产品质量。

以创立于株洲的时代电气公司为例,这是一家在电气行业具有深厚积累和广泛影响力的企业,近年来积极探索和实践"智能+"模式创新,并将其确立为公司的主引擎,以推动公司的持续发展和行业地位的进一步提升。

时代电气将"智能+"作为主引擎,意味着公司将智能化作为核心战略,通过技术创新和产业升级,实现企业的转型升级和高质量发展。在"智能+"模式创新中,时代电气主要采取了以下几个方面的举措:

(1)智能化产品研发。时代电气注重将智能化技术应用于产品研发中,通过集成先进传感器、云计算、大数据、人工智能等技术,来提高产品的智能化水平和附加值。例如，公司开发的智能电气设备能够实现远程监控、故障诊断、预测性维护等功能，为用户提供了更加便捷、高效的服务。

（2）智能制造工厂建设。时代电气积极推进智能制造工厂建设，通过引进智能化设备和系统，实现了生产过程的自动化、信息化和智能化。这既提高了生产效率和产品质量，也降低了能源消耗和减少环境污染，符合绿色发展的要求。

（3）智能服务体系建设。时代电气注重构建智能服务体系，通过智能化手段提升了用户服务的响应速度和满意度。例如，公司建立了智能客服系统，能够实时解答用户的问题和需求，并提供个性化的解决方案和服务。

（4）智能化管理与决策。时代电气还将智能化技术应用于企业管理和决策中，通过数据分析、预测和优化，提高了管理效率和决策水平。例如，公司利用大数据分析技术对市场趋势进行预测，为产品研发和市场推广提供了有力支持。

在"智能+"模式创新的推动下，时代电气不仅实现了从传统电气制造企业向智能电气解决方案提供商的转型升级，还促进了整个电气行业的智能化发展和升级。

因为"智能+"模式是将智能技术与传统产业深度融合，通过智能化改造提高传统产业的效率、质量和竞争力的。所以，在管理模式上、营销模式上及其他很多领域都可以被广泛运用，以实现企业与整合行业的协同发展。

在管理模式上，"智能+"同样带来了巨大的变革。利用大数据分析、云计算等技术，企业可以对海量数据进行处理和分析，实现精细化管理。

例如，某零售企业通过大数据分析顾客购物行为，为顾客提供了更加个性化的服务，从而提高了顾客满意度和忠诚度。

营销模式的创新也是"智能+"的重要应用领域。随着社交媒体的兴起和消费者行为的改变，企业需要更加精准地定位目标客户，这就要求企业提供个性化的营销方案。通过引入人工智能、大数据等技术，企业可以对消费者数据进行深度挖掘，从而实现精准营销。例如，某电商企业利用大数据分析用户的购物习惯和兴趣爱好，能为不同用户推荐不同的商品和服务，提高了转化率和销售额。

此外，"智能+"还在金融、医疗、教育等领域展现出巨大的应用潜力。在金融领域，智能投顾、智能风控等技术可以帮助金融机构提高服务效率和风控水平；在医疗领域，智能化诊断和治疗技术可以提高医疗服务的精准度和效率；在教育领域，智能教育平台和虚拟现实等技术可以为学生提供更加个性化、高效的学习体验。

"智能+"模式创新所带来的优势和机遇不容忽视。然而，要实现"智能+"的广泛应用和深度融合，还需要解决一些挑战和问题。例如，数据安全和隐私保护问题、技术标准和互操作性问题、人才短缺问题等。这些问题需要政府、企业和社会各界共同努力，制定相应的政策措施和技术标准，并加强人才培养和交流合作。

综上所述，"智能+"已经成为推动模式创新的主引擎，为各行各业带来了巨大的机遇和挑战。未来，"智能+"将继续深入发展，推动经济社会的数字化转型和升级。政府和企业应抓住机遇，积极应对挑战，加强合作和创新，共同推动"智能+"的广泛应用和发展。

面对未来，企业要紧跟科技发展的步伐，深入挖掘"智能+"的潜力，以科技创新驱动产业升级，为我国经济社会的发展注入新的活力。

第九章　个性化定制，从刚性模式到液态模式

在数字化浪潮下，个性化定制已经从传统的刚性模式逐渐转向更为灵活的液态模式。这种转变不仅体现了技术和市场的发展，更反映了消费者对于个性化需求的不断升级。刚性模式通常涉及复杂的生产和供应链管理，因此成本高昂、周期漫长。与刚性模式相比，液态模式在灵活性、多样性和快速响应方面具有显著优势。

建立一整套"通用+个性"的解决方案

在当今的市场环境中，个性化定制已成为企业满足消费者多样化需求的重要手段。为了在激烈的市场竞争中脱颖而出，企业需要建立一整套"通用+个性"的解决方案，即在满足消费者共性需求的同时，提供个性化的定制服务。

传统的个性化定制多采用刚性模式，即企业根据预设的选项和流程，为消费者提供有限的选择。这种模式下，产品的个性化更多停留在表面，难以满足消费者日益增长的个性化需求。而真正的产品个性化，允许企业根据消费者的需求和市场的变化迅速调整产品设计和生产流程。这种灵活

性使得企业能够更好地适应市场变化,并通过数字化技术,为消费者提供更加丰富和个性化的选择。

个性化定制具体是指企业根据消费者的需求和偏好,为其提供量身定制的产品或服务。这种定制服务可以满足消费者的个性化需求,提高其满意度和忠诚度(见图9-1)。在制造业中,个性化定制主要体现在产品设计和生产方面,企业可以根据消费者的需求和喜好,为其定制专属的产品。

降低库存成本
企业可以根据消费者的需求进行生产,避免因库存积压而造成的成本浪费。

提高消费者满意度
通过提供个性化的定制服务,企业可以满足消费者的独特需求,提高其满意度和忠诚度。

拓展市场份额
个性化定制有助于企业满足不同消费者的需求,从而拓展市场份额。

提升品牌形象
个性化定制服务可以增加消费者对品牌的认同感和归属感,提升品牌形象。

图9-1 建立"通用+个性"解决方案的重要性

借助大数据和人工智能等技术,个性化定制模式能够根据实时收集的消费者反馈进行分析,从而快速调整和优化产品及服务。这有助于企业在短时间内满足消费者的需求,提高市场竞争力。

以某服装品牌为例,该品牌采用"通用+个性"的解决方案进行服装定制。首先,该品牌通过市场调研了解消费者对于服装的共性需求和个性化需求。根据调研结果,该品牌设计了通用的服装版型和可定制的细节选项,如颜色、图案、尺码等。消费者可以在该品牌的官方网站上选择喜欢的版型和个性化细节,进行在线定制,如调整颜色、图案、面料等细节。企业根据消费者的定制订单进行生产,并在约定的时间内将服装送到消费者手中。

为了提供优质的售后服务，该品牌建立了完善的客户意见反馈系统和客户服务体系。该品牌通过数字化平台收集消费者反馈，持续优化设计，满足了不断变化的市场需求。同时，如果消费者在穿着过程中遇到问题或对定制的服装不满意，可以随时联系该品牌的客服人员进行咨询或退换货处理。这种"通用+个性"的解决方案使该品牌在服装市场中取得了良好的业绩和口碑。

通过对上述服装企业个性化定制模式的详细阐述，可以看出这种转变有助于企业更好地满足消费者需求，提升市场竞争力，是数字化时代企业商业模式裂变的必然发展方向。那么，具体到每一个行业的每一家企业，应该如何建立"通用+个性"的商业模式呢？虽然我们不能在此为每一个行业都提供一套完善的解决方案，但可以根据多年对商业模式的研究，以及对个性化定制的深刻认知，在此给出企业实现"通用+个性"所必备的解决方案：

（1）深入了解消费者需求。企业必须深入了解消费者的需求和偏好，可以通过市场调研、数据分析等方式获取消费者需求信息。

（2）设计通用模块和个性化模块。根据消费者共性需求设计通用模块，同时为满足个性化需求，设计可定制的模块。例如，在智能手机的定制中，手机的基本功能如通话、短信等可以作为通用模块，而外观颜色、主题等可以作为个性化模块供消费者选择。

（3）制定灵活的生产流程。企业需要制定灵活的生产流程，以快速响应消费者的个性化需求，这需要企业具备快速调整生产线的能力和高效的供应链管理能力。

（4）建立完善的定制平台。企业需要建立一个完善的定制平台，让消费者可以方便地选择和定制产品。平台应提供清晰的定制选项和直观的定制流程，使消费者能够轻松地选择自己的个性化配置。

（5）提供优质的售后服务。企业应提供优质的售后服务，以确保消费者在使用过程中遇到的问题能够得到及时解决。这有助于增强消费者的信任度和忠诚度。

通过以上分析可知，"通用+个性"的解决方案可以帮助企业在满足消费者共性需求的同时，提供个性化的定制服务。在未来的发展中，随着科技的进步和消费者需求的不断变化，"通用+个性"的解决方案将更加完善和普及。企业需要不断更新自身的生产技术和定制服务模式，以适应市场的变化和消费者的需求。同时，企业需要关注新技术的发展趋势，如人工智能、大数据等，并将这些技术应用于个性化定制中，以提高定制服务的效率和准确性。此外，企业还需要注重保护消费者的隐私和数据安全，防止个人信息泄露和滥用。总之，"通用+个性"的解决方案将成为企业未来发展的重要趋势和核心竞争力之一。

柔性化生产与制造新模式

在数字时代商业模式的大背景下，刚性自动化越来越难以适应不断缩短的产品生命周期。企业急需一项能力，既可以快速响应市场，又能减少资源耗用。快速响应包括产品创新能力、快速交货能力，以及连续补货能力等。在刚性化生产完全失灵的情况下，能够在品质、交期、成本保持一致的条件下，生产线在大批量生产和小批量生产之间任意切换的柔性化生产接过了接力棒。

柔性化生产有别于传统的大规模量化生产，它能柔性给予用户自主选择权，可以根据用户的反馈与实际需求实现定制化生产。柔性化生产的具体应用过程是：用户进行需求描述和产品反馈，企业先利用各类传感器、机器视觉、测量设备等采集数据，然后对采集到的数据进行实时处理，再根据处理结果制定生产决策，最后交由工业机器人、数控机床等智能化生产设备去执行。

柔性化生产的"柔性"，主要体现在机器、工艺、产能、产品、运行、维护、扩展七个方面：

（1）机器柔性。快速响应不同类型产品或定制产品的生产要求，在生产过程中非标终端设备可以快速更换，非标控制程序可以自动下载。

（2）工艺柔性。在生产流程不变的情况下，可以更快地适应产品或原材料的变化。

（3）产能柔性。即生产能力柔性，能够找到一种最经济的方式应对突然改变的产量。

（4）产品柔性。快速组织产品生产线以满足新产品的生产需求，且重新组织后的生产线仍保持着对原产品可用特性的集成能力与兼容能力。

（5）运行柔性。组织不同的材料、工艺、设备生产同一类产品或同系列产品，即便调整工序依然能保证生产质量与效率。

（6）维护柔性。采用多种方式对生产设备进行预测性维护和已发故障的排查，以保证生产线正常生产。

（7）扩展柔性。根据不断增长的生产需求拓展产线能力，或者根据工艺流量增加生产工位。

曾经的商业模式是硬性的大规模生产，当前的商业模式已经逐渐向柔性化小规模生产转变，且在某些领域已经转变得相当深入。曾经的柔性化生产只是零星行业的零星行为，如今已经成为主流行为。

对于企业而言，柔性化生产不仅能够提高消费者黏性，降低库存、营销等中间环节成本，还能够推动消费升级，提升企业盈利能力。

对于消费者而言，柔性化生产就是参与商品生成的过程，从过去的"我选商品"到如今的"我做商品"，这是被动选择向主动形成的转变。

也就是说，柔性化生产等于将消费者同生产线深度连接在一起，这种连接一定离不开互联网平台。国务院办公厅2022年发布的《关于进一步释放消费潜力促进消费持续恢复的意见》提出，畅通制造企业与互联网平台和商贸流通企业的产销对接，鼓励发展反向定制（C2M）和柔性化生产。

某制造企业，准备以互联网平台为依托收集用户需求，提高个性化定制的精度、质量与效率。那么，该制造企业在提高研发设计、生产制造、原材料供应等环节对用户需求的快速响应能力上，应该做好哪些具体工作呢（见图9-2）？

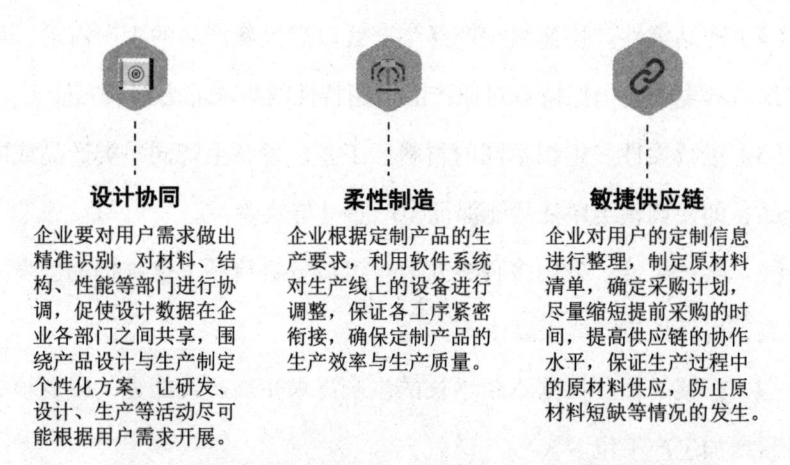

设计协同
企业要对用户需求做出精准识别，对材料、结构、性能等部门进行协调，促使设计数据在企业各部门之间共享，围绕产品设计与生产制定个性化方案，让研发、设计、生产等活动尽可能根据用户需求开展。

柔性制造
企业根据定制产品的生产要求，利用软件系统对生产线上的设备进行调整，保证各工序紧密衔接，确保定制产品的生产效率与生产质量。

敏捷供应链
企业对用户的定制信息进行整理，制定原材料清单，确定采购计划，尽量缩短提前采购的时间，提高供应链的协作水平，保证生产过程中的原材料供应，防止原材料短缺等情况的发生。

图9-2 某制造企业提高用户需求快速响应能力的具体工作

柔性化生产制造可以与企业资源计划、制造执行系统、仓储物流管理系统结合，对用户需求、产品信息、设备信息、生产计划等进行实时分析，对生产方案进行实时调整，让生产效能达到最佳匹配。

伴随着柔性化生产逐渐成为企业生产经营的主流模式，制造新模式也应运而生。制造新模式的核心思想是数字化、网络化、智能化。利用先进的信息技术、自动化技术和人工智能技术，实现制造过程的柔性化。通过这种方式，企业能够快速响应市场变化，提高生产效率和产品质量，降低成本，并增强竞争力。

在制造新模式中，数字化是基础。通过数字化技术，企业将产品、设备、资源和人等制造要素进行数字化建模和仿真，可以实现产品设计和工艺过程的优化。同时，数字化技术还可以实现生产过程的实时监控和数据采集，从而为后续的数据分析和智能决策提供数据支持。

网络化是制造新模式的另一重要方面。通过物联网、云计算和大数据等技术，企业可以实现设备与设备、设备与系统、系统与系统之间的互联互通，从而实现生产过程的协同和优化。同时，网络化技术还可以实现远程监控和维护，这就提高了生产效率和质量。

智能化是制造新模式的最终目标。通过人工智能和机器学习等技术，企业可以实现生产过程的智能化决策和控制，提高生产效率和产品质量。同时，智能化技术还可以帮助企业进行故障预测和预防性维护，降低维护成本和停机时间。

以某汽车制造企业为例，该企业采用了制造新模式进行生产线升级。通过数字化技术，企业实现了生产线设备的数字化建模和仿真，优化了生产线布局和工艺流程。同时，通过物联网技术，企业不仅实现了生产线设备的互联互通，还实现了生产过程的实时监控和数据采集。最后，通过人工智能技术，企业实现了生产过程的智能化决策和控制，提高了生产效率和产品质量。

总而言之，柔性化生产与制造新模式为企业转型升级与商业模式裂变提供了新的思路和方法。通过这两个方面，企业可以实现制造过程的柔性化。未来的企业将在不断的模式创新的发展变革中进化演变。

集成应用，多主体围绕产能提升协同共建

在当今高度互联和全球化的经济环境中，企业经营正经历着前所未有的变革。传统的大规模生产模式逐渐被个性化定制所取代，消费者需求的多样化和快速变化要求企业具备更高的灵活性、创新能力和生产效率。集成应用与多主体协同共建作为一种新的生产方式，正逐渐成为企业发展的趋势。这种模式旨在通过跨部门、跨企业甚至跨行业的协同合作，实现资源共享、优势互补，并共同提升产能和满足个性化定制需求。

集成应用是多主体协同共建的基础。涉及将不同领域的技术、信息和管理方法进行整合，形成一个统一、高效的系统。通过集成应用，企业可以将研发、生产、供应链和销售等各个业务流程紧密连接起来，从而实现信息共享、快速响应和高效协作。同时，集成应用还有助于提高生产效率和产品质量，降低成本和减少浪费。

在个性化定制成为主流的市场环境下，集成应用为多主体协同共建提供了强大的支持。个性化定制要求企业具备快速响应市场变化、灵活调整生产流程和满足消费者多样化需求的能力。通过集成应用，企业可以实现生产过程的自动化、智能化和高效化，提高产能和产品质量。通过多主体协同共建，企业与供应商、合作伙伴和客户等共同参与产品设计和生产过

程，可以实现资源共享、优势互补和协同创新。这种模式有助于缩短产品研发周期、降低成本、提高产品质量和满足个性化定制需求。

某智能家居制造企业通过集成应用和多主体协同共建，实现了产能提升和个性化定制的有机结合。该企业首先建立了基于物联网和云计算的智能制造平台，将生产设备、物料、信息和人力等资源进行统一管理和调度。通过集成应用，企业实现了生产线的自动化和智能化，提高了生产效率和产品质量。

同时，该企业积极开展多主体协同共建，与供应商、合作伙伴和客户等建立了紧密的合作关系。在产品研发阶段，企业邀请合作伙伴和客户共同参与设计，并充分考虑各方的需求和意见。在生产阶段，企业与供应商建立实时信息共享平台，确保了物料供应的及时性和准确性。此外，企业还与客户建立直接联系，收集反馈意见并进行快速响应，满足了个性化定制需求。

通过集成应用和多主体协同共建，该智能家居制造企业实现了产能提升和个性化定制的有机结合。企业不仅提高了生产效率和产品质量，还满足了消费者多样化需求，进一步提升了市场竞争力。

这个案例表明，集成应用和多主体协同共建能够为企业带来显著的优势。集成应用和多主体协同共建的结合，可以实现制造业的全面升级。

首先，集成应用可以提升生产效率和产品质量。通过将先进的自动化技术和智能化技术引入生产线，企业可以大幅提高生产效率，减少人工干预和操作误差。同时，集成应用还可以通过实现生产过程的实时监控和数据采集，来为后续的数据分析提供依据，以帮助企业持续改进生产工艺。

其次，多主体协同共建有助于企业快速响应市场变化。通过多主体协同共建，企业可以及时获取市场需求信息，快速调整生产计划和产品研发方向。这种模式还能促使企业更好地理解客户需求，提高产品设计和生产过程的针对性。

最后，集成应用和多主体协同共建有助于降低成本。通过资源共享和优势互补，企业可以在原材料采购、生产制造和物流配送等方面实现成本节约。同时，集成应用和多主体协同共建还能提高企业的创新能力。不同主体之间的合作可以激发新的创意和想法，从而推动产品和技术的创新发展。

总而言之，集成应用和多主体协同共建作为一种新型的生产方式，正逐渐成为企业发展的趋势。通过跨部门、跨企业和跨行业的协同合作，企业可以实现资源共享、优势互补和创新发展。这种模式有助于提高产能、降低成本、缩短产品上市时间并满足个性化定制需求。随着技术的不断进步和市场需求的不断变化，集成应用和多主体协同共建将继续发展演变，并为企业的未来发展提供更多新的机遇。

产权共享，分散资源实现有效盘活共利用

根据现代产权理论奠基人科斯的研究，产权具备明确性、专有性、可转让性和可操作性四大特点。后两者催生了现代企业内部的产权共享与转让策略。

随着经济的快速发展和资源的日益紧缺，产权共享作为一种新型的资源利用方式，正逐渐受到广泛的关注和应用。产权共享的核心思想是将原本分散的、由不同主体所有的资源，通过一定的机制和平台，实现资源的

有效盘活和共利用。在这个过程中，资源的所有权并没有发生变化，变化的只是资源的使用权和使用方式。这种方式有助于提高资源利用效率、降低成本、促进经济发展和环境保护。个性化定制在这一过程中扮演着重要的角色。个性化定制能够根据个体的特定需求和喜好，为他们提供定制化的解决方案。这与产权共享形成了良好的互补关系，共享提供了基础资源，而个性化定制则满足了个体多样化的需求。商业模式创新裂变则是产权共享发展的必然产物，它将商业模式从传统的一次性交易转变为长期可持续的合作共赢关系，进一步提高了资源的利用效率和价值。

首先，产权共享的实现需要依托现代信息技术和法律法规的支持。通过建立信息平台和制定相关政策，政府和企业可以推动产权共享的发展，并以此来优化资源配置，提高经济效益和社会效益。

共享单车企业将自行车资源集中起来，让市民通过手机 App 租用自行车，既解决了出行问题，也减少了汽车的使用，使城市交通压力得到了缓解。正是在这个过程中，共享单车企业通过创新的商业模式，将原本私有性质的自行车资源转变为可利用的共享资源，实现了资源的有效盘活和共利用。同时，通过与政府、社区等合作，共享单车企业建立了长期可持续的合作共赢关系。不仅如此，政府还通过制定相关政策和监管措施，确保了共享单车的正常运行和服务质量。

某在线视频平台，用户可以上传自己的视频作品，其他用户可以通过付费观看或打赏的方式获得收益。视频平台的产权属于用户自己，平台通过提供技术支持和服务，实现了分散资源的有效盘活和共利用。而且，平台通过制定相关规定和政策，保障了用户的合法权益和交易的公平性。这种模式不仅提高了视频资源的利用效率和价值，也为用户提供了更多的创作和分享机会。

这两个案例表明，产权共享通过实现资源的有效盘活和共利用，可以提高资源利用效率和经济效益。同时，产权共享也有助于促进环境保护和社会可持续发展。例如，共享单车政策的推行减少了汽车尾气排放，减轻了城市环境压力；在线视频平台的运行节约了视频制作成本，鼓励了更多的人参与创作和分享。

此外，产权共享还有助于推动产业创新和转型升级。通过将分散的资源集中起来，企业可以更好地发挥自身优势和创新能力，从而推动产业的发展和升级。例如，共享经济的发展使得许多传统产业得以转型升级，提高了企业的竞争力和市场地位。

然而，产权共享也面临着一些挑战和问题。首先，如何确保产权的合法性和公平性。政府需要制定相关法律法规和政策，以保护产权所有者的合法权益，防止侵权行为的发生。其次，实现资源的有效管理和维护。企业需要建立完善的管理制度和措施，以确保资源的正常运行和服务质量。最后，必须平衡各方利益，在实现资源有效利用的同时，也需要考虑到各方的利益诉求和权益保障。

为了更好地实现产权共享、分散资源，实现有效盘活与共利用的目标，政府和企业需要采取一系列措施。

（1）政府要加强法律法规的建设和完善，为产权共享提供法律保障和支持。同时，政府还需要建立信息平台和数据库，推动资源的共享和流通。

（2）企业要加强管理和技术创新，提高资源的利用效率和效益。同时，企业还需要建立完善的信用体系和评价体系，确保资源的公平交易和服务质量。

（3）政府和企业加强合作和交流，共同推动产权共享的发展和应用。

总的来说，产权共享作为一种全新的资源利用模式，为企业提供了一条让分散资源实现有效盘活和共利用的新路径。企业应该积极探索和实践产权共享，以实现资源的最大化利用，推动企业的可持续发展。

互联互通，数据驱动资源跨区域高效配置

在当今世界，随着科技的飞速发展和全球化进程的加速，资源的跨区域配置已成为经济活动中不可或缺的一部分。互联互通与数据驱动作为新型的资源配置方式，对于实现资源的高效配置和区域经济的协同发展具有重要的推动作用。

互联互通指的是不同地区、不同组织、不同系统之间的相互连接和信息交流。通过打破地域限制，互联互通使得资源能够在更广泛的范围内进行优化配置。这不仅可以提高资源的利用效率，还可以促进区域间的经济合作与协同发展。例如，中国的高速铁路网络将各个城市连接在一起，使得人员和物资能够快速、便捷地流动，既促进了城市间的经济交流与合作，也提高了资源的跨区域配置效率。

数据驱动则是指利用大数据、人工智能等技术对海量数据进行处理和分析，以挖掘出有价值的信息和知识。数据驱动通过将信息技术与资源配置相结合，为资源的跨区域高效配置提供了有力支持。例如，电商平台通过收集和分析用户的购物行为、偏好等信息，能够精准地推荐商品和服务，从而提高交易效率和用户满意度，这既优化了资源配置，也为消费者

带来了更好的购物体验。

数据驱动还能帮助企业发现潜在的市场机会和商业合作伙伴。例如，基于地理位置的服务，如滴滴出行和美团外卖，通过分析用户位置信息和商家位置信息，即可优化服务范围和配送路线。

在实现资源跨区域高效配置的过程中，互联互通与数据驱动是相辅相成的。互联互通为数据的流通和共享提供了基础条件，使得数据能够在更大范围内发挥作用；而数据驱动则为互联互通提供了技术支持和决策依据，使得资源配置更加科学、合理。例如，智能物流系统通过物联网、大数据等技术，实现了对货物的实时追踪、智能调度和优化配送，提高了物流效率，减少了资源浪费，为电商、制造业等行业提供了更好的服务体验。

总之，互联互通打破了地域限制，促进了资源的流动；数据驱动挖掘了信息价值，优化了资源配置。在具体实践中，要实现资源跨区域高效配置，还需要注意以下几点：

（1）强化基础设施建设。基础设施是互联互通的基础，只有完善的基础设施才能保证信息的顺畅流通和资源的有效配置。政府如今正在全面加大对基础设施建设的投入力度，以提高基础设施的质量和覆盖面。

（2）推动数据共享与开放。企业应积极推动数据的共享与开放，打破"信息孤岛"，提高数据的流通性和价值。同时，应加强数据安全保护，保障个人隐私和企业机密。

（3）加强区域合作与协同发展。资源的跨区域配置需要各地区之间的密切合作与协同发展，企业应加强区域间的政策协调和沟通合作，促进资源在不同地区间的合理流动和优化配置。

（4）提升创新能力。企业应鼓励创新，通过提高科技水平和创新能力，为资源跨区域高效配置提供更多的技术支撑和应用场景。

互联互通、数据驱动和个性化定制三者之间存在着密切的联系和相互促进的关系。通过将三者融合发展，可以实现资源跨区域高效配置的最大化效应。

首先，互联互通为数据驱动和个性化定制提供了基础条件。只有当不同地区、不同组织、不同系统之间实现信息交流和共享时，数据才能发挥其应有的价值。同时，个性化定制也需要通过互联互通快速获取消费者的需求信息和反馈意见。

其次，数据驱动是实现个性化定制的关键手段。通过对海量数据的处理和分析，企业可以挖掘出消费者的喜好和需求特点，进而进行精准的个性化定制。同时，数据驱动还可以帮助企业优化生产和运营流程，提高生产效率和产品质量，从而为个性化定制提供更好的支持和服务。

最后，个性化定制是实现资源高效配置的重要途径。通过满足消费者的多样化需求，企业可以进一步开拓市场和提升品牌影响力。同时，个性化定制还可以促进企业的创新和发展，推动产业升级和转型。因此，将个性化定制融入资源跨区域配置的过程，可以更好地满足市场需求和提高资源配置效率。

在实践应用中，企业应结合自身特点和市场需求，灵活运用这三种手段来提高资源配置效率。政府也应加大政策引导和支持力度，促进互联互通基础设施的建设和市场机制的完善。同时，加大数据安全保护和隐私保护。只有在政府、企业和社会的共同努力下，才能做好相应举措，以便更好地实现资源跨区域高效配置的目标（见图9-3）。

商业模式裂变：大变革时代中国企业创新密码

- 加强基础设施建设，提高信息传输速度和数据存储能力。
- 建立统一的数据标准和应用规范，促进数据共享和流通。
- 鼓励企业进行商业模式创新裂变探索，发挥市场机制作用。
- 加强政策引导和支持力度，推动区域经济协同发展。
- 提高数据安全保护、隐私保护意识和技术水平，以确保数据安全可靠。

图 9-3 实现资源跨区域高效配置的措施

总之，随着科技的不断发展和社会需求的不断变化，互联互通和数据驱动将会继续发挥重要作用。未来，随着 5G、物联网、云计算等技术的进一步发展和应用普及，将会持续提高资源的配置效率和智能化水平，促进经济的数字化转型和升级。在政府政策的支持和市场机制的推动下，资源跨区域高效配置将成为企业发展的重要支撑，并为经济增长和社会进步作出更大贡献。

第十章 共享化制造，面向新经济的制造新模式

共享化制造利用先进的信息技术、互联网平台、智能制造技术和生态产业链，将分散的制造资源进行整合，实现了制造能力的共享。这种模式打破了传统的制造企业边界，让企业可以更加灵活地配置和优化资源，提高生产效率和质量，降低成本和风险。同时，共享化制造也有助于推动产业升级和高质量发展，并促进企业间的合作与协同创新。

加速企业上云，夯实共享基础

在当今数字化、智能化的时代背景下，企业上云已成为一种必然趋势。云技术为企业提供了高效、灵活和可扩展的计算和存储资源，使得企业能够更好地应对市场变化，并提高运营效率。而共享化制造作为一种新型的生产模式，强调资源的共享和优化配置，为企业上云提供了更广阔的应用场景。本节将详细阐述如何加速企业上云，并在此基础上夯实共享基础，推动共享化制造的发展。

企业上云的优势主要体现在降低 IT 成本、提高业务灵活性、促进创新。为了加速企业上云的过程，以下策略与实践值得关注：

（1）评估需求与制订计划。企业首先需要评估自身的业务需求和资源

状况，明确上云的动机和目标。并在此基础上制订详细的实施计划，包括选型、部署、测试和迁移等步骤。

（2）选择合适的云服务提供商。根据企业的需求和预算，选择一个可靠的云服务提供商。考察的因素包括服务范围、性能、安全性和价格等。

（3）评估现有基础设施。对企业现有的 IT 基础设施进行全面评估，以确定哪些部分可以迁移至云端，哪些部分必须从零开始建设。

（4）重视数据安全与隐私保护。在上云过程中，要采取必要的安全措施来保护数据，包括使用加密技术、权限控制和备份数据等手段。同时，与云服务提供商明确数据安全和隐私保护的责任与义务。

（5）业务连续性与灾难恢复。要确保在云端的服务具备高可用性和灾难恢复能力。制订详细的应急预案，并定期进行演练，以应对可能出现的意外情况。

（6）合规性与国际化。了解并遵守不同国家和地区的法律法规要求，以确保企业在上云过程中的合规性。对于跨国企业，需关注数据跨境流动的合规性问题。

通过实施以上策略与实践，企业就可以更加顺利地实现上云目标，并从中获得更多的商业价值。

腾讯云作为国内领先的云计算服务提供商之一，其"云+大数据"解决方案在推动企业数字化转型方面发挥了重要作用。该方案通过提供稳定可靠的云计算服务和大数据处理能力，助力企业实现业务创新和管理升级，进而提高资源共享效率和经济效益。具体而言，腾讯云的"云+大数据"解决方案包含以下关键环节：

环节一：基础设施完善。腾讯云拥有强大的基础设施，覆盖全国各地的数据中心，为企业提供了稳定可靠的云计算服务。同时，具备高度的可扩展性和容错能力，可以根据用户需求灵活配置资源。

环节二：数据驱动业务创新。腾讯云的大数据平台通过数据采集、存储、处理、分析等全流程的数据处理能力，可以帮助企业挖掘数据价值，实现业务创新。通过数据驱动的精准营销、用户画像、智能推荐等功能，企业能够提高运营效率和客户满意度。

环节三：生态系统协同发展。腾讯云的"云+生态"战略为企业提供了广泛的合作伙伴和渠道资源。腾讯云与众多合作伙伴共同打造了完善的生态系统，并为企业提供从咨询、解决方案、技术支持到后续服务的全方位服务，助力了企业实现商业模式裂变。

环节四：跨区域高效配置资源。腾讯云的"云+大数据"解决方案，支持企业在全国范围内进行资源的跨区域高效配置。无论是东部沿海地区还是西部内陆地区，企业都可以通过腾讯云的云计算和大数据技术，实现资源的优化配置和协同发展。

通过上述分析可知，加速企业上云能提升企业的运营效率，并为企业的创新发展提供强大的技术支撑。为了实现这一点，在企业内部通常要实现三类接入"云"（见图10-1）。

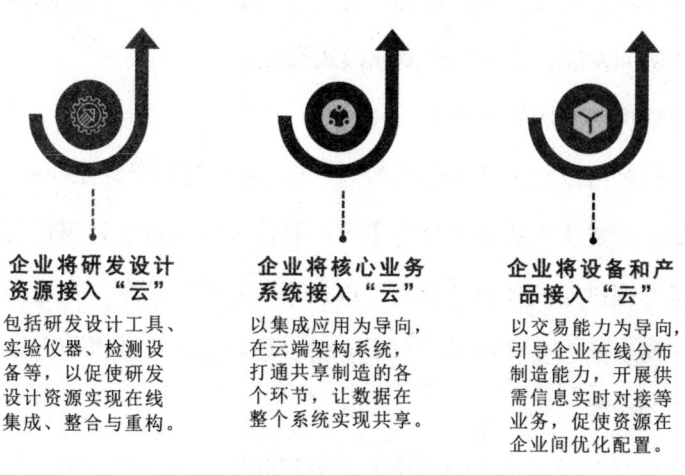

企业将研发设计资源接入"云"
包括研发设计工具、实验仪器、检测设备等，以促使研发设计资源实现在线集成、整合与重构。

企业将核心业务系统接入"云"
以集成应用为导向，在云端架构系统，打通共享制造的各个环节，让数据在整个系统实现共享。

企业将设备和产品接入"云"
以交易能力为导向，引导企业在线分布制造能力，开展供需信息实时对接等业务，促使资源在企业间优化配置。

图10-1　企业接入"云"

总之，通过云端整合资源、优化流程，企业能更灵活地应对市场变化，加速创新。然而，上云过程也面临着数据安全、隐私保护等挑战。为确保顺利上云，企业需制订明确的战略规划，选择经验丰富的云服务提供商，并加强团队培训。同时，构建统一资源管理平台和优化网络安全防护体系至关重要。只有这样，企业才能真正实现上云的效益，夯实共享基础，推动持续发展。在实施过程中，企业应注重合规性评估，要确保满足各地法规要求。总而言之，加速企业上云并夯实共享基础，将助力企业在数字化时代取得长远成功。

构建共享机制，完善产业生态

科技飞速发展与经济全球化的持续深入，让产业生态的构建和优化成为推动我国经济高质量发展的重要课题。共享机制不仅能提高资源利用效率，还能为企业创造新的增长点。在这个过程中，共享机制发挥着至关重要的作用。本文将深度探讨如何构建共享机制，完善产业生态，并以创新推动产业协同发展，实现企业商业模式裂变。

1. 共享机制的优势与要素

共享机制可以打破"信息孤岛"，促进企业间的资源互补和优化配置，从而降低生产成本，提高整体竞争力。具体表现为企业将闲置的资源、设备、技术等提供给其他企业使用，以提高资源利用效率。企业因为无须购买和维护昂贵的设备或技术，只需支付少量租金即可获得使用权，所以就降低了运营成本。

共享机制有助于企业间的技术交流与合作，企业可以通过共享机制与外部合作伙伴共享资源，共同开展研发、设计等活动，以此推动技术创新和产业升级。

共享机制还可以激发创新创业活力，帮助企业快速进入新市场，并能催生新的商业模式和市场机会，助力企业拓展业务范围，实现商业模式裂变。

正因上述种种好处，企业应积极参与共享平台的建设，并实现技术、市场、人才等资源的互联互通。那么构建共享机制的关键要素有哪些呢？

（1）平台建设。建立一个功能完善的共享平台是基础。平台应具备资源整合、信息匹配、交易结算等功能。

（2）标准制定。为确保资源共享的顺利进行，应制定统一的共享标准和技术规范，如设备接口标准、数据传输格式等。

（3）信用体系。建立完善的信用评价体系和监管机制，以确保资源提供者和使用者的权益得到保障。

（4）法律法规。政府正在陆续出台相关法律法规，企业也应在内部建立相关制度，以规范共享经济的发展，保护各方利益。

2. 实践案例分析

为了将这个问题阐述得更清晰，我们引入具体的企业案例，来详细阐述如何通过构建共享机制完善产业生态。

案例一：制造业中的设备共享

某高端制造企业，拥有大量高精度的生产设备。然而，这些设备在生产高峰期之外，大部分时间处于闲置状态。为了提高设备利用率，该企业推出了设备共享服务。通过建立共享平台，企业将闲置设备的信息发布出去，有需求的企业或个人可以通过平台预约使用。这种方式不仅提高了设备利用率，还为企业创造了额外的收入来源。

在此案例中，通过设备共享，闲置资源得到有效利用，从而提高了整个制造业的资源利用效率。同时，企业间的资源共享也促进了产业内部的协作，推动了产业生态的完善。

案例二：物流行业的仓储与配送共享

随着电子商务的迅猛发展，物流行业面临着巨大的压力。为了提高物流效率，某知名电商企业推出了仓储和配送共享服务。通过建立大型的公共仓储中心，吸引众多的电商卖家入驻，同时共享配送资源。这样不仅降低了单个卖家的物流成本，还提高了整个电商行业的物流效率。

在此案例中，通过仓储和配送的共享，优化了物流行业的资源配置，提高了物流效率。这种模式促进了电商行业的发展，也带动了物流产业的升级。

案例三：农业领域的农技与农机共享

在农业领域，农技和农机的共享成为推动产业发展的关键。某农业科技公司推出了农技与农机共享平台，将先进的农技和农机设备提供给农户使用。农户可以通过平台预约使用设备，同时获得相关农技指导。这种方式大大提高了农业生产的效率和质量。

在此案例中，农技和农机的共享为农户提供了更高效、更便捷的服务，促进了农业生产的现代化。这种模式有助于实现农业资源的优化配置，推动农业产业的可持续发展。

案例（4）：能源行业的分布式光伏发电共享

在能源行业，分布式光伏发电的共享成为一种新型的产业生态模式。某能源企业推出了分布式光伏发电共享项目，通过安装光伏发电设备，将富余的电能输入电网，供其他用户使用。这种方式既降低了用电成本，又实现了节能减排的目标。

在此案例中，分布式光伏发电的共享推动了能源的绿色转型，实现了环保与经济效益的双赢。这种模式有助于构建更加完善的能源产业生态，并促进能源行业的可持续发展。

综上所述，通过构建共享机制，不同产业得以实现资源的高效利用和产业的协同发展。从制造业、物流业、农业到能源行业，这些案例展示了共享机制在完善产业生态中的重要作用。这些成功实践为其他产业提供了借鉴和启示，有助于推动全行业范围内的资源共享和产业生态的优化升级。

结构性拆解，实现制造能力共享

模块化生产应用了当今供应链管理的先进方法，包括准时制（JIT）供应、并行工程、延迟策略等。由美国国家防御分析研究所 IDA 在 1988 年提出。

随着科技的飞速发展，制造业也在不断变革。然而，我国制造业仍面临着一些挑战，如产能过剩、资源利用不均等问题。如何实现制造能力的共享，提高产业效率，成为当前制造企业亟待解决的问题。本节将从结构性拆解的角度，探讨实现制造能力共享的新途径。

结构性拆解，顾名思义是将一个复杂的系统或产品分解成若干个简单的部分或模块，以便更好地进行分析、优化和重组。在制造业中，结构性拆解有助于将复杂的生产流程分解为多个简单的环节，使得每个环节都可以被独立地管理和优化。结构性拆解可以帮助企业看清产业的本质，找出突破发展的瓶颈，从而为共享制造能力提供可能。

制造能力共享是指企业将自身的制造资源、技术、设备等通过互联网平台进行整合,形成一个共享的资源池。其他企业可以根据自身的需求,从资源池中租用所需的制造能力,以完成生产任务。这种模式可以实现资源的最大化利用,降低企业的生产成本,提高生产效率、优化资源配置、促进产业升级和提升市场竞争力。

结构性拆解与制造能力共享的关系主要体现在以下几个方面:

(1)精细化分工。结构性拆解使得生产流程更加精细化,让每个环节都有专业的团队进行管理和优化。目的是提高生产效率和质量,同时也使得制造能力的共享更加便捷和高效。

(2)模块化设计与生产。通过结构性拆解,产品可以被分解为若干个独立的模块,每个模块负责完成特定的功能。通过模块化设计,企业能够快速地组合和调整生产流程,从而更好地实现制造能力的共享。通过模块化生产,企业可以将有限的资源集中在核心业务上,从而提高专业化水平。

(3)平台化服务。企业的制造能力被整合到一个平台上,通过互联网技术实现资源的共享。企业可以通过平台化服务,将闲置的设备、技术和人才等资源与其他企业共享,以提高资源利用率。此外,平台化服务还可以为企业提供一站式的解决方案,以降低企业的运营成本。

(4)灵活性增强。通过结构性拆解,企业可以根据市场需求,快速地调整生产流程和资源配置,这使得企业可以更加灵活地实现制造能力的共享,更好地满足市场需求。

(5)绿色供应链。通过优化供应链管理,实现资源的最大化利用。企业可以通过绿色供应链,将废弃物料转化为原材料,以降低资源浪费。同时,绿色供应链还可以帮助企业实现碳排放的减少,并提高环保意识。

如今的汽车企业无一例外全部采用结构性拆解的生产模式,它们将整个汽车生产流程细化为多个环节，包括零部件制造、组装、测试等。车企还将自己的制造能力进行细化，与其他汽车零部件生产企业进行合作，实现了制造能力的共享。通过这种方式，车企不仅提高了生产效率和质量，还降低了生产成本和市场风险。同时，这让车企实现了通过互联网平台将自身的制造能力与其他企业进行分享，从而吸引了更多的合作伙伴加入共享平台。这种模式不仅可以让单独一家车企发展壮大，还推动了整个汽车产业链的优化升级。

与车企领域类似的其他领域，也都在实现制造能力共享的路径上前行着。例如，某高科技企业，借助 iSESOL 平台，以租赁的方式将上万台 i5 机床对外共享，按照使用时间、价值或工件数量计费，促使了企业的一次性生产成本大幅降低。

无论是哪一行业的企业，都可以通过互联网平台，连接各种生产设备，按照使用时间、设备价值、工件数量等计费，对企业闲置的制造能力进行盘点、剥离、集成，能促使各类制造资源实现在线整合与发布，同时实现在线连接、弹性供给、高效配备以及社会化共享。综上所述，制造资源的在线汇聚与弹性配置，可以提高企业制造能力的整合共享水平，提高能力资源的利用率。

总之，通过将复杂的生产流程进行细化分解，企业可以更好地整合和优化资源配置，提高生产效率和质量，降低成本和市场风险。同时，制造能力的共享也有助于推动整个产业链的优化升级和高质量发展。未来，随着信息技术和智能制造技术的不断发展，结构性拆解和制造能力共享将会更加深入地被应用到制造业中。企业需要不断探索和创新管理模式，以适应市场的变化和发展的需要。

策略性聚焦，实现创新能力共享

资源依赖理论认为企业为实现竞争优势需要依赖外部资源，要通过合作和共享资源来降低成本、分散风险、加速创新进程。

动态能力理论指出企业应该具备灵活调整内部资源结构以适应外部环境变化的能力，从而实现创新和竞争优势。

对于许多企业而言，创新是一项艰巨的任务，需要大量的资源投入和风险承担。为了解决这一问题，一种新的创新模式——创新能力共享，逐渐受到企业的青睐。

创新能力共享是指企业通过合作、联盟等方式，将自身的创新资源、技术、人才等与其他企业共享，来共同开展创新活动。实施创新能力模式的优势可以概括为以下四点：

（1）降低创新成本。企业可以通过共享创新资源，减少重复投入，从而降低创新成本。

（2）分散创新风险。创新是一项高风险的活动，通过与其他企业合作，可以分散风险，并提高创新的成功率。

（3）加速创新进程。通过共享创新资源和人才，企业可以更快地推进技术创新和市场应用。

（4）促进产业协同发展。创新能力共享有助于推动产业内的协同创新，并提高整个产业的创新能力和水平。

策略性聚焦是指企业根据自身的资源和能力状况，选择特定的市场或技术领域进行集中投入和开发，以实现创新能力的最大化发挥。策略性聚焦有助于企业明确创新方向，优化资源配置，提高创新效率和成功率。策略性聚焦与创新能力共享的关系主要体现在以下几个方面：

（1）明确创新方向。通过策略性聚焦，企业可以明确自身的创新方向和重点领域，从而有针对性地开展创新活动，这就能提高创新的针对性和效率。

（2）优化资源配置。策略性聚焦有助于企业根据自身的核心能力和市场需求，优化配置创新资源，从而实现资源的最大化利用。

（3）促进合作与共享。策略性聚焦可以促使企业在特定市场上形成合作关系，并实现创新能力的共享和互补。通过合作，企业可以共同分担创新成本和风险，加速创新进程。

（4）提高创新能力。通过策略性聚焦，企业可以在特定领域上积累专业知识和经验。提高自身的技术水平和创新能力，有助于企业在该领域或市场上取得竞争优势。

通过创新能力的共享，企业可以将个人的创新能力转化为团队的创新能力，将团队的创新能力转化为企业的创新能力，将企业的创新能力转化为社会的创新能力，以此实现创新能力的倍增效应。

如何实现创新能力的共享呢？首先，企业要建立一种开放、包容的创新环境。在这样的环境中，人们可以自由地表达自己的观点，分享自己的经验，从而激发出更多的创新火花。其次，企业要建立一套完善的激励机制，鼓励人们将自己的创新能力贡献出来。

海尔通过COSMOPlat工业互联网平台共享研发资源，将技术、知识、经验、实践转化为设计工具、工业机制模型、各类工业App等，支持在线的研发设计人员直接调用。这种模式可以将开发工具、工业App、工业机制模型等研发设计资源沉淀下来反复使用，并打造新型的线上研发体系，支持在线发布研发需求、在线共享研发资源、在线实现研发工务协同，最终降低创新门槛。

目前，海尔COSMOPlat工业互联网平台的开发者已超10万人，链接了近4亿用户，50多万家企业，创建了一个多方参与、交互体验的研发设计生态。

很多有实力的企业不仅效仿海尔的线上研发设计资源共享，还另外开拓出了线下研发设计资源共享。例如，某制造企业利用工业互联网对闲置的线下研发资源进行整合，包括实验仪器、检测设备等，以提高研发资源的利用效率。

总之，策略性聚焦和创新能力的共享是提升创新能力的重要途径。只有通过明确创新方向、优化资源配置、促进合作与共享等方式，让企业可以更好地发挥自身的创新潜力，提高市场竞争力，企业才能实现创新能力的提升。

系统性丰富，实现服务能力共享

在当今世界，随着科技的飞速发展和互联网的普及，人们对于服务的需求日益多样化和个性化。然而，许多企业在提供服务时，往往受制于自身资源和能力的限制，无法满足客户的全部需求。因此，实现服务能力的共享，打造一个系统性丰富的服务生态圈，成为摆在企业面前的一个重要课题。

服务能力共享，顾名思义，就是将原本分散在各企业、机构中的服务能力，通过一定的平台和机制整合起来，实现资源的优化配置，并为客户提供更加全面、高效、便捷的服务。在这个过程中，各参与者可以充分发挥各自的优势，实现互利共赢。

系统性丰富则是指企业通过系统性的方式，不断丰富服务内容、提高服务质量，以满足用户多样化的需求。在服务能力共享中，系统性丰富有助于企业更高效地整合服务资源、提高服务品质，从而实现服务能力的最大化发挥。

系统性丰富与服务能力共享的关系主要体现在以下几个方面：

（1）服务内容多样化。通过系统性丰富，企业可以不断拓宽服务领域、增加服务项目。提供更加多样化、个性化的服务，有助于吸引更多的用户，提高市场份额。

（2）服务质量持续提高。系统性丰富不仅关注服务内容的增加，更注重服务质量的持续提高。通过引入先进的管理理念和技术手段，企业可以不断提高服务水平和提高用户满意度。

（3）服务资源整合优化。通过系统性丰富，企业可以更有效地整合内外部服务资源，实现资源的优化配置，这有助于提高服务效率，降低成本。

（4）服务创新能力提升。系统性丰富鼓励企业不断创新，探索新的服务模式和业务领域，这有助于企业在激烈的市场竞争中保持领先地位。

要实现服务能力共享，企业需要搭建一个多元化、开放性的服务平台。这个平台应当具备良好的兼容性和扩展性，要能够将各类服务资源有效整合，并为用户提供一站式服务体验。

某在线教育平台不仅提供在线课程学习服务，还拓展到了职业培训、技能提升等领域。同时，该平台注重用户体验的提升，其不断优化课程内容和教学方式，提高了学习效果。这种多元化、开放性的服务策略，使得该在线教育平台能够满足用户多样化的学习需求，吸引了大量用户。

为了确保服务质量的稳定和可靠，企业还需建立一套标准化的服务体系，包括服务内容、服务流程、服务质量等。通过标准化，可以提高服务的专业性和规范性，并让用户享受到更加优质的服务。

某快递公司不仅提供基本的快递服务，还将业务范围扩展至了仓储、配送、供应链管理等。同时，该公司注重提升服务质量，采用先进的技术和严格的标准用以优化配送路线，提高配送效率。这种稳定且标准的服务策略，使得该快递公司能够满足用户对服务多样化和服务标准化的需求，赢得了市场的认可。

此外，企业还应充分利用大数据、人工智能、云计算等先进技术，来推动服务模式的创新。例如，通过大数据分析，精准定位用户需求，并为其提供个性化服务；利用人工智能技术，实现智能客服、智能导购等，以提高服务效率。

最后，大型企业可以利用互联网平台充分发挥自己在渠道、品牌、市场等方面的优势，为中小微企业提供技术培训、品牌宣传、市场推广等服务，以帮助提高中小企业，尤其是初创企业的市场竞争能力，并促使与其合作的其他中小企业实现融合发展。

荣事达利用工业互联网平台对自身的优势，如品牌、技术、资金、市场、信息、人才、管理、文化等进行整合，通过孵化服务共享为与其有合作关系的中小企业和初创企业提供精准扶持，拉升了初创企业的存活概率。

综上所述，实现服务能力共享，构建系统性丰富的服务生态圈，有助于满足企业的共性服务需求和对社会服务资源进行整合，并能提高企业的行业共性服务能力共享。

第十一章　服务化延伸，实现深度集成的跨层次服务

随着社会经济的发展和消费升级，单一的产品服务已经无法满足消费者的多样化需求。因此，企业需要通过服务化延伸，提供深度集成的跨层次服务，以更好地满足客户的个性化需求，并提高自身的市场竞争力。同时，服务化延伸也有助于企业实现从产品到服务的转型，拓宽新的盈利空间，实现商业模式的创新与裂变。

企业定位：从制造商向服务商转变

最早由摩托罗拉公司提出的微笑曲线理论指出，在价值链上，提供服务环节的成本往往较低，因此提供服务相比提供产品具有更高的利润回报和稳定性。其在全球范围内得到了应用。

企业定位是企业发展的重要决策，它关乎企业如何在市场中确立自己的位置，以及如何与客户建立关系。当前，在互联网经济的冲击下，市场竞争日益激烈，企业生存和发展面临着前所未有的挑战。为了适应这一变化，许多企业纷纷从制造商向服务商转变，以创新驱动产业升级。

制造商和服务商的主要区别在于对客户价值的认识和提供方式。制

商主要关注产品的生产和销售，以产品为核心，通过销售获取利润。而服务商则更注重为客户提供全面的解决方案，以满足其特定需求。这意味着，服务商需要具备更强的市场敏感度和定制化服务能力，要能够根据客户的具体需求提供个性化的服务。因此，企业定位转变的必要性就更加重要，可以表现为以下五点：

（1）满足消费者多样化需求。随着生活水平的提高，消费者对产品的需求越来越多样化、个性化。企业仅仅提供标准化产品已无法满足消费者需求，而转向服务商则可以提供定制化、差异化的服务，更好地满足消费者需求。

（2）提高企业核心竞争力。在激烈的市场竞争中，企业需要不断提高自身核心竞争力。从制造商向服务商转变，可以拓宽企业业务范围，提高产品附加值，增强企业盈利能力。

（3）应对产业变革。在全球产业变革的大背景下，企业需要紧跟发展趋势，提前布局。从制造商向服务商转变，有助于企业把握产业变革的机遇，实现可持续发展。

（4）增加利润来源。相比于销售产品的一次性利润，向用户提供服务往往比销售产品能带来更高的利润。通过提供服务，企业可以与用户建立更紧密的关系，从而提高复购率和与用户长期合作的机会。

（5）提高竞争力。市场上提供相同产品的企业很多，但真正能够提供优质服务的企业却不多。通过向服务商转型，企业可以形成自己的差异化竞争优势。

美的集团努力从单一产品制造商向提供系统集成的解决方案服务商转变，其服务化转型动因基本与上述相符。目前，美的在探索服务化转型的道路上取得了良好的成效。

1. 用户个性化需求的带动

在传统产销模式下，美的只是单一地将产品卖给消费者，虽然获得了利润，却并不知道消费者的真实需求。逐渐地，美的和消费者之间的距离越来越远，为了不被消费者抛弃，美的必须转型为以用户需求为导向，尊重消费者的个性化需求。美的要给消费者提供的，不仅是产品本身的功能，还有超预期的服务体验。正是这种思维的改变，让美的逐渐完成了从"大规模生产"向"大规模定制"转变，再到"小规模定制"的升级。

因此，制造业企业就必须进行服务化转型，向消费者提供定制化的且内容更加丰富的"产品＋服务包"的一体化解决方案，符合消费者最真实的期望。

2. 寻求新的利润增长空间

按照"微笑曲线理论"，提供服务的总成本较低，因此提供服务比提供产品有更高的利润，且收益更为稳定。

美的属于大型制造企业，全球生产人员超过16万人，占公司总员工数的80%，由其产生的人工成本是巨量的。美的的产业链附加值一直较低，有着对超额利润追求的内在动力，因此实施服务化转型是顺其自然的。

对美的而言，在单一产品的基础上，为用户提供综合的解决方案，以此获得增值服务，不仅能够增加用户黏性和良好体验，还能在如今产品同质化严重的基础上，实现服务方面的差异化，从而为企业创造新的利润增长空间。

3. 借助服务化提高竞争力

随着互联网经济的发展，美的深知仅依靠制造单一产品，已不能为企业发展提供更大的竞争优势。制造企业为了获得核心竞争力，能否实现服务化、差异化就成为关键。

美的要想实现从制造商向服务商的转型，就必须通过分解和重构服务价值网络中的各项价值活动来实现差异化，以提供能够满足消费者需求的一整套产品及服务，形成新的竞争优势。

目前，通过全面服务化转型的带动，美的已经将核心以外的生产制造业务外包出去。这些简单且不利于企业创造价值的活动，通过外包的形式交给其他企业代理，能够减少对企业资源的消耗和人力物力的投入。

综上所述，不只是制造企业，所有领域的企业进行服务化转型，都能起到部门机构精简的作用，并且通过充分利用企业自身的优势资源能提供更多的高附加值服务。借助服务化转型，企业将深刻地改变原来的价值创造模式，并将原本的传统型企业打造成网络化的、科技化的、现代化的服务型企业，从而提高企业综合实力和核心竞争优势（见图11-1）。

增强技术创新能力
企业应加大技术研发投入，培育具有自主知识产权的核心技术，提高产品和服务质量。

建立以客户为中心的企业文化和管理体制
企业应关注客户需求，优化内部管理流程，提高服务质量和效率。

拓展合作伙伴关系
企业通过与产业链上下游企业、跨界企业合作，实现资源整合，提高市场竞争力。

培育新兴业务
企业可积极布局新兴产业，拓宽新的市场空间，实现业务多元化。

图11-1　企业定位转变的策略

总之，企业从制造商向服务商转变是适应市场发展、提高核心竞争力的必然选择。只有紧跟市场的变化，不断创新服务，满足客户的需求，企业才能在激烈的市场竞争中长期屹立。因此，企业必须高度重视这一转变，采取有效的措施实现成功转型。

营销模式：从产品销售向优化服务转变

菲利普·科特勒在《营销管理》中提出的市场定位理论：市场定位理论强调了企业需要针对不同的消费者群体提供不同的产品和服务，以满足其个性化需求。文章中提到难以满足消费者个性化需求的问题，与市场定位理论相关。[1]

弗朗西斯·布特莱尔在《客户关系管理：概念与实践》中提出了客户关系管理理论：客户关系管理理论强调了建立长期客户关系的重要性，以及要通过客户反馈机制和持续改进来提高服务质量。文章提到的建立长期客户关系和客户反馈机制等内容与客户关系管理理论相关。

传统的营销模式往往聚焦于产品的销售，而忽视了服务的价值。然而，随着消费者需求的升级和市场的变化，单纯的产品销售已经难以满足客户的需求，也难以支撑企业的持续发展。因此，企业需要重新审视其营销模式，并从传统的产品销售向优化服务转变。

1.产品销售模式的局限性

产品销售模式的核心是产品本身，企业通过各种方式推销产品，以实现销售目标。然而，这种模式存在着明显的局限性：

---

[1] 菲利普·科特勒，凯文·莱恩·凯勒，亚历山大·切尔内夫.营销管理[M].陆雄文，蒋青云，赵伟超，徐倩，许梦然，译.北京：中信出版社，2022.

（1）难以满足消费者个性化需求。在产品高度同质化的今天，仅仅依靠产品的物理属性很难在市场中脱颖而出。现在的消费者更加关注产品的附加价值和服务。

（2）利润空间有限。随着生产成本的上升和竞争的加剧，产品的利润空间逐渐缩小。企业需要寻找新的利润增长点，而服务正是一个重要的方向。

（3）难以建立长期客户关系。单纯的产品销售很难与消费者建立深度的联系。一旦产品出现问题或消费者需求发生变化，企业就很容易失去客户。

2. 优化服务的优势

相比于只是单一地向消费者推销产品，同时也向消费者推销服务，更具有营销优势。这里所说的"向消费者推销服务"，可以将服务作为单独的商品进行销售，也可以将服务作为与产品捆绑的商品进行销售。前者可以体现服务的价值，后者则体现服务对产品的价值提升。因此，无论是哪一种销售方式，优化服务的营销模式都具有以下明显优势：

（1）增强客户黏性。通过提供优质的服务，企业可以与客户建立长期的关系，并增加客户的黏性。这有助于降低客户获取成本，提高企业的盈利能力。

（2）提升品牌形象。当消费者对企业的服务满意时，他们不仅会再次购买该产品，还会向亲朋好友推荐，这就为企业带来了口碑效应。

（3）创造持续收益。一旦与消费者建立了长期的服务关系，企业就可以不断提供新的服务或产品，在市场中具备差异化竞争优势，从而实现持续的增长。

（4）建立长期客户关系。通过深入了解消费者的需求并提供满足其需求的服务，企业能够与消费者建立深厚的、长期的、可信任的联系。

（5）提高员工满意度。优化服务需要一支高素质的员工队伍来提供，当员工得到充分的培训和支持时，他们的满意度和忠诚度会提高，从而提高工作效率和客户满意度。

3. 如何实现从产品销售向优化服务的转变

从产品销售向优化服务的转变是必要的，因为服务已经成为企业成功的关键因素之一。那么，要实现从产品销售向优化服务的转变，企业需要采取一系列措施：

（1）转变观念。企业高层和员工都需要认识到服务的重要性。只有从上至下都认同服务的价值，才能真正将优化服务纳入企业的战略和日常运营中。

（2）组织结构调整。企业需要重新设计或调整组织结构，以确保服务部门与销售、产品部门之间的顺畅沟通与合作，同时要明确各部门在服务中的角色和职责。

（3）培训与服务文化。定期培训员工，以确保他们具备良好的服务意识与技能。在企业内形成以客户为中心的服务文化，使员工在日常工作中始终关注消费者的需求和体验。

（4）服务创新。不断研究和了解消费者的需求，要根据市场变化调整和完善服务体系。同时，鼓励员工提出创新性的服务方案，以满足消费者的个性化需求。

（5）建立客户反馈机制。有效的客户反馈机制能够帮助企业及时了解消费者对服务的评价和意见，从而有针对性地改进服务质量和流程。

（6）合理的定价与收益模型：重新评估服务的定价策略，既要确保服务能够覆盖成本，并为企业创造利润，又要确保价格合理，能够被消费者接受并愿意为其付费。

（7）与合作伙伴共同提供服务。为了扩大服务范围和提高服务质量，企业可以与合作伙伴共同提供某些服务或解决方案。通过资源共享和合作，来实现互利共赢。

（8）持续评估与改进。定期评估服务的实施效果，并根据评估结果调整和完善服务策略和流程。同时，鼓励员工提出改进建议，以持续优化服务体系。

总之，随着市场竞争的加剧和消费者需求的升级，从产品销售向优化服务的转变是企业在市场中保持竞争力的关键。通过明确产品销售模式的局限性、优化服务的优势，以及正确实现从产品销售向优化服务的转变，企业可以更好地满足消费者的需求，提升品牌形象和市场地位。

提升产品效能服务，增强显性优势

随着市场的竞争加剧，单纯的产品销售已经不能满足企业的长期发展需求。为了在市场中脱颖而出，企业需要将焦点从产品销售转向提升产品效能服务。这种转变不仅可以增强企业的显性优势，还可以提高客户的满意度，建立品牌忠诚度，增加企业盈利。本节将深入探讨提升产品效能服务的必要性，以及国内企业在此方面的成功实践。

产品效能，指的是产品在满足用户需求方面的能力，包括功能、性能、品质等方面。提升产品效能服务的概念就是建立在产品效能概念的基础之上。简单而言，提升产品效能服务是指企业不仅要提供产品，还要提供与产品相关的服务，以提高产品的整体效果和性能。这种服务可以是技术支持、专业咨询、售后维护等，旨在帮助客户更好地使用产品，提高产品的使用价值。

在国内，有许多企业已经在提升产品效能服务方面取得了显著成果。以下是一些典型案例。

案例一：华为作为全球知名的科技企业，不仅关注产品的品质和创新，更重视为用户提供全方位的服务。华为在全球范围内建立了完善的售后服务体系，包括技术支持、维修保养、专业培训等。此外，华为还为用户提供定制化的解决方案，来帮助用户解决实际业务问题。这种全方位的服务模式提高了华为产品的竞争力，并为其赢得了大量的忠实客户。

案例二：京东作为中国的电商巨头，不仅提供快速的物流配送服务，还为用户提供了一系列与购物相关的增值服务，如白条分期、售后无忧等。这些服务提高了用户的购物体验，并且有助于巩固京东在电商市场的领先地位。

案例三：携程作为国内在线旅游行业的领军企业，一方面为用户提供丰富的旅游线路和资源选择，另一方面为用户提供旅行顾问咨询、预订退改服务、VIP客服专线等全方位服务。通过这些服务，携程不仅满足了用户的多元化需求，还进一步提高了自身的市场份额和品牌影响力。

从以上案例可以看出，注重提升产品效能服务的企业能在国内市场取得显著的优势。这些企业通过提供全方位的服务，满足了客户需求，增强了用户黏性，扩大了利润空间。

既然提升产品效能服务可以增强企业的显性优势，还能提高市场占有率，为企业创造更多价值。那么，如何提升产品服务效能，打造企业核心竞争力呢？

首先，提升产品效能服务有助于提高生产效率。通过采用先进的技术和工艺，企业可以降低生产成本，提高生产速度，从而在市场中更具竞争力。这种效能提升服务也为企业在快速变化的市场环境中保持灵活性提供了有力支持。

其次，保持产品的显性优势同样重要。通过不断提升产品效能，企业能够在功能、性能、质量等方面建立明显的优势，从而吸引更多客户。这种显性优势不仅有助于产品的销售，还能够为企业赢得更多的市场份额。

最后，随着科技的不断发展，提升产品效能服务也与可持续发展紧密相连。采用更环保、节能的技术和材料，不仅有助于降低企业的环境影响，还能够满足越来越注重环保的消费者需求，增强企业的社会责任感。

日立集团借助 Iumada 工业互联网平台推出的 ConSite OIL 解决方案，能对生产设备的制造工艺、运行工况和状态等数据进行整合，逐渐形成了设备故障诊断、预测预警、健康管理等模型。也就是说，在传感器的支持下，记录每一台设备的基本信息，指导工作人员提前更换可能损坏的零部件，日立集团将远程故障预警率提高到 58%，将设备故障率降低 50%。

综上所述，通过注重产品效能提升服务，企业可以获得更多的竞争优势和市场机会。在未来，随着消费者需求的不断变化和市场竞争的加剧，产品效能提升服务将成为企业成功的关键因素之一。因此，国内企业应积极探索和实施这一策略，以持续追求卓越的精神建立起企业不可动摇的显性优势。

产业链条增值服务，制造衍生盈利

当今，传统的经营模式已经难以满足市场的多样化需求，企业需要寻找新的盈利模式以保持竞争力。产业链条增值服务正是在这样的背景下应运而生的，通过提供一系列的增值服务，企业可以进一步挖掘产业链的潜力，制造衍生盈利，从而实现可持续发展。

产业链条增值服务是指企业利用自身的优势和资源，在整个产业链条中提供额外的价值服务，包括产品设计、生产、物流、销售、售后等环节的创新和优化，也可以是技术咨询、个性化定制、售后维护、金融服务等附加服务。通过这些增值服务，企业能够提升产品的整体价值，满足客户的多元化需求，并获得更多的利润（见图11-2）。

A. 产业链条增值服务的核心优势在于它能够使企业更好地满足客户的需求。

B. 产业链条增值服务可以帮助企业建立持久的客户关系。

C. 产业链条增值服务有助于企业提高盈利能力和竞争优势。

图11-2 产业链条增值服务对企业的意义

在制造业中，实施衍生盈利战略可以帮助企业不依赖产品销售，让其可以从服务、创新和客户关系中获取额外收益。因此，制造企业之间的竞争已经从单纯的产品质量、价格、功能等方面转向了整个产业链的竞争，制造企业需要从整个产业链的角度出发，提供更加丰富的增值服务，以制造衍生盈利。以下是一些国内企业在产业链条增值服务方面的成功实践：

比亚迪作为全球知名的电动汽车制造商，不仅注重产品品质和创新，还为客户提供了一系列与电动汽车相关的增值服务。例如，比亚迪为客户提供了电池租赁服务，让客户可以选择按月支付租金，而不是一次性购买电池。此外，比亚迪与地方政府合作，建立了完善的电动汽车充电设施网络。这些增值服务使得比亚迪的电动汽车更加便捷、环保，提高了用户的购买意愿和忠诚度。

美的在智能家居领域具有较强的竞争优势，其通过提供整体智能家居解决方案，实现了产业链条的增值服务。美的不仅销售智能家电产品，还为客户提供智能家居设计、安装、调试等服务。这种整体解决方案满足了客户对智能生活的需求，增加了美的产品的附加值并扩大了其利润空间。

三一重工作为国内工程机械行业的巨头，不仅销售工程机械，还为客户提供设备租赁、技术支持、金融服务等增值服务。其以根云工业互联网平台为依托，开展供应链管理服务，帮助中下游经销商将年备件库存成本降低3亿元。这些服务帮助客户解决了实际操作中的问题，提高了设备的利用率和企业的盈利能力。

除了上述企业外，还有许多国内企业在产业链条增值服务方面取得了显著成果。这些企业通过提供个性化的定制服务、整体解决方案、全方位的技术支持等增值服务，提高了产品的附加值和竞争力，为企业带来了可观的利润。然而，要成功实施产业链条增值服务策略，企业需要具备以下几个关键要素：

其一，产业链条增值服务的一项关键策略是提供优质的售后服务。通过建立完善的售后服务体系，企业可以满足客户的需求，提高客户满意度，并增强客户忠诚度。这有助于巩固市场份额，同时为企业创造额外的收益流。

其二，制造企业可以通过技术升级和创新，向产业链条中添加高附加值的元素。持续投资于研发和创新，使企业能够开发出更先进、更具竞争力的产品。这不仅能够提高产品的市场价格，还能够吸引更多高端客户，进而实现制造衍生盈利。

其三，制造企业与其他企业合作，共享资源和技术，进行共享制造。企业基于互联网平台开发可以在线发布的制造能力，并实时对接相应 App，对制造能力进行集成整合和在线分享，满足制造能力的优化配置与交易需求，促使制造资源实现泛在链接和弹性供给。这种共享合作可以提供全方位的解决方案，有助于企业进一步提升价值网络地位。

其四，制造业可以通过建立现代化供应链管理体系，拓宽服务范围。企业以互联网平台为依托，围绕集中采购、柔性供应链、智能仓储、智慧物流等环节，开发云化应用服务，推动信息流、资金流、产品流、物运流、商贸流等在制造企业与供应链各主体之间共享，帮助供应链企业打造规范、标准的业务流程。

其五，产业链条增值服务还包括定制化和个性化服务。制造企业可以根据客户的特定需求，为其提供定制化的产品和服务。个性化定制不仅提高了客户的满意度，还为企业创造了更高的附加值。通过深入了解客户需求并及时响应，企业能够在激烈的市场竞争中取得优势地位。

最后，数字化转型也是实现产业链条增值服务的关键因素。利用先进的数字技术，企业可以优化生产流程、提高效率，并为客户提供更智能化的服务。数字化还为企业提供了更多的数据分析和市场洞察，有助于更好地理解客户需求，制定更精准的战略。

综上所述，通过产业链条增值服务，可以让制造企业在激烈的市场竞争中脱颖而出，使其不仅实现产品销售的增长，还能够从服务、创新和客户关系中获取额外的盈利。总体而言,这种综合性的战略不仅有助于企业提高经济效益,还能够在长期内确保企业的可持续发展。

综合解决方案服务,提供硬解能力

资源基础理论认为企业的资源(包括硬解能力)是其竞争优势的来源,企业要通过整合和利用资源来提供独特的价值主张。文章提到的硬解能力即企业资源的一部分,对于提供综合解决方案服务至关重要。

在复杂的商业环境中,企业面临的挑战越来越多,客户需求也日益多样化。为了满足客户的整体需求,并提供更加全面的解决方案,企业需要从提供单一产品转向提供综合解决方案服务。这种服务模式要求企业具备强大的硬解能力,以解决客户所面临的各种问题。

综合解决方案服务是一种全面的服务模式,它不局限于产品的销售,而是涵盖了产品设计、生产、销售、售后服务等全过程。这种服务模式的核心在于以客户需求为导向,满足客户的整体需求,提供一站式的解决方案,来帮助客户解决实际问题。

提供综合解决方案服务的优势在于增强企业的竞争力。随着市场竞争的加剧,产品的同质化现象越来越严重,单纯的产品质量已不再是竞争的关键因素。而综合解决方案服务能够凸显企业的差异化优势,使企业在市场中脱颖而出。通过提供整体解决方案,企业可以更好地满足客户需求,这就提高了客户满意度和忠诚度。

硬解能力是指在先进的硬件技术和资源,以及强大心理素质的加持下,提升综合解决方案服务的过硬实力。硬解能力还可以帮助企业拓展新的市场机会。因为伴随新的市场需求不断涌现的是新的市场机会和由此产生的新的挑战。通过提供硬解能力向客户提供高质量的综合解决方案服务，企业能够迅速彰显实力，及时捕捉市场机会，并能彻底征服客户，达到与客户建立长期、紧密的关系的目的。

因此，只有具备了强大的硬解能力，企业才能为客户提供更加专业、可靠的整体解决方案。那么，具备哪些条件才能为客户提供优质的综合解决方案服务呢？

（1）技术创新。综合解决方案服务需要不断吸纳先进的技术，如人工智能、大数据、云计算等，可以为硬解能力提供强大的技术支持。通过技术创新，企业可以实现数据处理和分析的自动化、智能化，从而提高硬解能力。

（2）硬件设备升级。综合解决方案服务注重硬件设备的更新换代，要为企业提供高性能、高可靠性的硬件设备。这些设备可以确保数据处理的高效和稳定，从而进一步提升硬解能力。

（3）专业团队支持。综合解决方案服务必须依靠专业的技术团队，为企业提供全方位的技术支持和咨询服务。团队中的软硬件工程师、数据分析师等专业人士，可以为企业提供针对性的解决方案，确保硬解能力的充分发挥。

（4）完善的销售网络和渠道。综合解决方案服务的成功实施，需要企业拥有广泛的客户基础和销售渠道。通过建立完善的销售网络和渠道，企业可以更好地了解客户需求和市场变化，并及时调整自身的产品和解决方案，从而提高客户满意度和忠诚度。

（5）良好的客户关系管理系统。综合解决方案服务的核心在于满足客户需求，能为客户提供贴心、专业的服务。因此，企业需要建立完善的客户关系管理系统，来深入了解客户需求和反馈，并与客户建立紧密的联系。只有真正了解客户的需求，才能为其提供更加贴心、专业的服务。

国内有很多企业在综合解决方案服务方面做得非常好，如华为、海尔等。这些企业通过提供整体解决方案，帮助客户解决实际问题，赢得了客户的信任和忠诚度。同时，这些企业还不断投入资金进行研发和创新，以提高自身的技术水平和硬解能力，保持竞争优势。例如，华为在为客户提供优质的通信设备的同时，还提供一站式的通信解决方案。华为拥有强大的技术研发能力和丰富的行业经验，能够针对不同客户的需求定制化地提供解决方案。

某智能制造企业为客户提供智能制造解决方案，其中涉及自动化生产线的设计、生产和安装。在研发环节中，该企业拥有专业的研发团队和技术人才，具备强大的技术研发能力。在供应链环节中，该企业与多家供应商建立了长期合作关系，以确保原材料的质量和供应稳定。在生产环节中，该企业采用了严格的质量控制标准，以确保自动化生产线的性能和质量符合客户要求。在售后环节中，该企业还为客户提供全方位的技术支持和维护服务，确保了生产线的稳定运行。该企业除了这些综合解决方案服务的分布式体现，还有更加集中化的智能工厂与创新创业两个综合解决方案（见图11-3）。

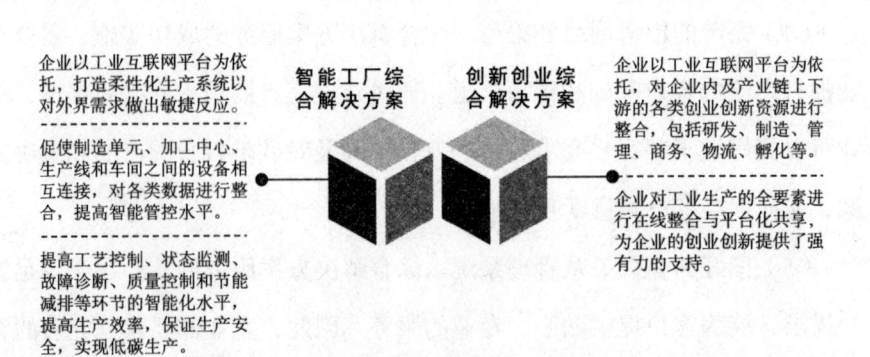

图 11-3 某智能制造企业的综合解决方案

通过这一案例，可以看到该企业在综合解决方案服务中提供了全面的硬解能力，并为客户提供了高效、可靠的智能制造解决方案。

综上所述，综合解决方案服务以其全面、高效的特点，保证了企业具有强大的硬解能力。在未来的发展中，企业应充分利用这一服务模式，来实现业务的持续增长。

第十二章　网络化协同，从单边模式到多边模式

网络化协同不仅能提高企业的灵活性和反应速度，还有助于企业更好地适应市场变化，从而增强竞争力。在当今快速变化的商业环境中，企业需要通过有效的网络化协同来适应市场的变化、提高创新能力、加强与利益相关者的联系，从而保持竞争力。

提升企业敏态竞争力

敏态竞争力（Agile Competitiveness），是企业面对动态多变的外部环境所表现出的快速响应、灵活应变及创新发展的综合能力。该概念强调企业应具备敏捷应对外部环境变化的能力，以快速适应市场需求、抓住机遇、降低风险。该概念源自企业战略管理和竞争力理论。

网络化协同（Networked Collaboration），指的是企业在复杂、动态的环境中，通过信息网络平台，实现资源的快速配置与优化，促进各组织、部门间的协作与沟通。这有助于提高企业的反应速度和决策效率。相关理论包括组织行为学中的协同理论和信息技术管理中的协同平台理论。

在信息时代，企业的生存和发展环境正在经历巨大的变革。市场需求

瞬息万变，技术更新速度加快，竞争日益激烈，使得企业必须具备高度的敏态竞争力。敏态竞争力作为一种新兴的企业发展理念，逐渐受到广泛的关注与实践。敏态竞争力强调企业应具备敏捷应对外部环境变化的能力，以快速适应市场需求、抓住机遇、降低风险。

敏态竞争力也被称为"敏捷竞争力"，指的是企业面对动态多变的外部环境时所表现出的快速响应、灵活应变及创新发展的综合能力（见图12-1）。

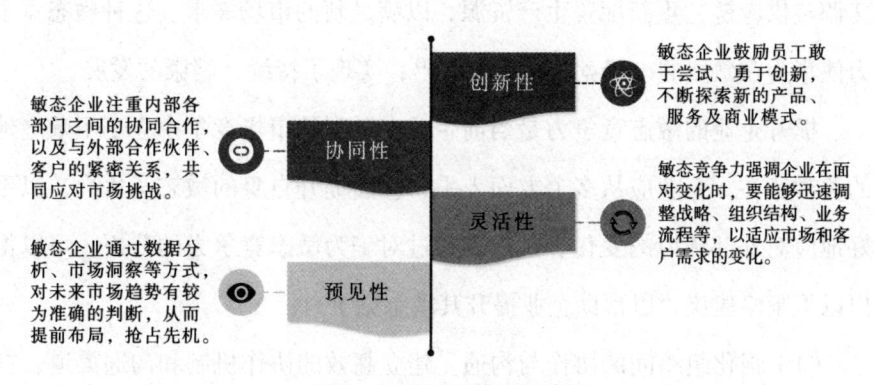

图12-1 敏态竞争力的特点

企业在复杂、动态的环境中，通过信息网络平台，可以实现资源的快速配置与优化，并促进各组织、部门间的协作与沟通。这些协同方式有助于提高企业的反应速度和决策效率，进而提升企业的敏态竞争力。

华为在面对瞬息万变的市场和技术革新时，始终保持高度的敏感性，不断调整自身的战略和组织结构。华为采取了多元化、灵活的组织结构，以适应不同业务领域和市场环境的变化。并建立了快速响应的营销体系和敏捷的人力资源管理体系，以确保在市场竞争中始终保持领先地位。同时，华为非常注重技术创新和研发投入，它通过大数据分析，来快速洞察市场趋势和客户需求变化，并及时调整生产和销售策略。此外，华为还建立了一个敏捷的决策机制,以确保各部门在网络化协同的基础上,能快速响应各种突发状况。

华为的成功经验表明,提升企业的敏态竞争力是企业应对动态多变的市场环境、抓住机遇、降低风险的重要途径。通过组织结构柔性化、供应链管理敏捷化、强化数据分析和市场洞察、持续的技术创新和研发投入、建立快速响应的营销体系以及培养敏捷的企业文化等方面的努力,华为可以提升自身的敏态竞争力,当某一产品市场需求发生变化时,企业能够迅速调整供应链,重新配置生产资源,以满足新的市场需求。这种敏态竞争力使华为在激烈的市场竞争中脱颖而出,实现了持续、健康的发展。

提升企业的敏态竞争力是当前企业在激烈的市场竞争中立于不败之地的关键所在。企业应从多个方面入手,全面提升自身的敏态竞争力,以更好地应对外部环境的变化和挑战。通过对华为敏态竞争力的分析,可以得出以下策略建议,以帮助企业提升其敏态竞争力:

(1)强化组织间的协作与沟通。建立高效的协作机制和沟通渠道,打破组织壁垒,确保各部门在网络化协同的基础上快速响应市场变化。同时,培养员工的团队协作意识和能力,提高整体执行力。

(2)构建敏捷的供应链管理。企业需要与供应商建立紧密的合作关系、对库存进行实时监控与调整、提高物流配送效率等,来实现信息共享、快速响应,从而确保供应链的敏捷性。

(3)强化数据分析与市场洞察。通过收集并分析大量的市场数据,企业可以更准确地把握消费者需求、预测市场趋势。因此,建立强大的数据分析团队、完善数据收集系统对于提升敏态竞争力至关重要。

(4)持续的技术创新与研发投入。企业应鼓励员工不断探索新的市场机会和技术创新,以适应不断变化的市场环境。持续的研发投入、与高校及科研机构的紧密合作、鼓励内部创新都是提升技术敏态的有效途径。同时，应关注行业发展趋势，及时调整战略方向和业务模式。

（5）建立快速响应的营销体系。随着新媒体的兴起，消费者获取信息的方式发生了巨大变化。企业需要建立快速响应的营销体系，来及时捕捉市场动态、调整营销策略，以适应消费者需求的变化。

（6）建立敏捷的决策机制。面对复杂多变的市场环境，企业需要建立一套敏捷的决策机制。这种机制应包括快速的市场分析、准确的需求预测、灵活的资源配置和果断的决策执行等环节。

（7）强化客户导向。要始终将客户需求放在首位，密切关注客户需求的变化，并及时调整产品和服务策略。通过与客户建立紧密的合作关系，深入了解客户需求和市场反馈，来不断提升客户满意度和忠诚度。

（8）引入先进的网络技术和平台。企业应投资引入先进的网络技术和平台，如工业互联网、云计算、大数据等，以实现信息的实时共享和高效传递，这有助于提高企业对市场变化的敏感度和反应速度。

（9）建立强大的数字基础设施。包括高速稳定的网络连接、先进的数据存储与处理系统以及安全可靠的信息技术基础设施。通过建立这样的数字基础设施，企业能够实现信息的快速共享和流动，为敏捷反映市场提供可靠的支持。

（10）培养敏捷的企业文化。企业文化是企业的灵魂。培养一种鼓励创新、敢于尝试、快速响应的企业文化，使员工充分认识到敏态竞争力的重要性，并积极参与提升企业敏态竞争力的各项活动，企业在面对挑战时就能迅速调整战略、抓住机遇。

（11）构建敏捷的人力资源管理体系。为员工提供系统的培训、鼓励员工参与决策、建立敏捷的绩效评价体系等措施，都有助于提升员工对外部变化的敏感度，进而增强企业的敏态竞争力。

（12）实施持续改进计划。制订并实施持续改进计划，针对企业在敏态竞争力方面的不足进行改进。定期评估企业的市场响应速度、客户需求满足率、产品创新水平等关键指标，找出改进空间并制定相应措施。

综上所述，通过实施网络化协同战略并采取一系列策略措施，企业可以显著提升其敏态竞争力。在未来的发展中，随着技术的不断进步和市场环境的变化，企业的敏态竞争力将变得更加重要。因此，持续关注并提升敏态竞争力将成为企业在激烈的竞争环境中取得优势的关键所在。

从局部孤岛到连通体系

在当今世界，随着信息技术的飞速发展，互联网已经深入我们生活的方方面面。在这样的背景下，许多企业和组织开始意识到，要想在竞争激烈的市场中立足，就必须转变传统的商业模式，拥抱互联网，实现从局部孤岛到连通体系的转变。

在传统的商业模式下，企业往往各自为政，缺乏有效的信息交流和资源共享。这种局部孤岛的困境导致企业难以快速适应市场变化，难以发挥出最大的竞争优势。具体来说，局部孤岛的存在有以下三个方面的弊端：

（1）资源浪费。各个部门之间缺乏有效的信息交流，导致的资源分配不均，一些部门资源过剩，而另一些部门则资源匮乏，严重影响着企业的整体运营效率。

（2）决策迟缓。由于信息传递不畅，企业高层难以全面掌握各部门的情况，导致决策迟缓或失误，错失市场机遇。

（3）客户体验不佳。局部孤岛的存在导致企业难以从全局角度出发，提供一致的、优质的客户服务，影响了客户体验。

相比之下，连通体系的商业模式能够很好地解决局部孤岛的困境。通过互联网技术，企业可以实现各部门之间的信息共享和资源整合，并提高运营效率；同时，企业还可以与外部合作伙伴、客户等建立紧密的联系，实现互利共赢。具体来说，连通体系的优势体现在以下三个方面：

（1）资源优化配置。通过信息共享和资源整合，企业可以更加合理地分配资源，使资源得到更加有效的利用。

（2）快速响应市场。连通体系使得企业能够快速获取市场信息，让企业能及时调整战略和业务模式，抓住市场机遇。

（3）提升客户体验。通过与外部合作伙伴、客户的紧密联系，企业可以提供更加一致、优质的客户服务。

改革开放 40 多年来，我国社会经济取得的一个重要成就就是信息技术的飞速发展，特别是互联网的普及。正是因为互联网的兴起，我国的企业经营不再受地理、资源、文化等因素的制约，从最初的电子邮件、门户网站，到后来的社交媒体、电子商务、在线教育等，互联网逐渐渗透到人们生活的方方面面。使得各地之间的信息传播更为迅速，打破了企业在地域之间的壁垒。政府在推动互联网发展的同时，还出台了一系列政策措施，鼓励互联网企业创新发展，促进产业链上下游企业的协同。在这种背景下，我国的企业从一个个局部孤岛逐渐融合为一个连通的体系。

要实现从局部孤岛到连通体系的转变，企业需要充分利用网络协同的力量，来推动商业模式的裂变。企业实现从局部孤岛到连通体系的具体措施，可以通过网络协同和模式裂变实现。

首先是网络协同。企业要通过互联网技术，实现内部各部门之间、外部合作伙伴、客户等之间的信息共享、资源整合和业务协同。这种协同模式有助于提高企业的整体运营效率和市场竞争力。例如,企业利用云计算技术实现数据的集中存储和处理,可以提高信息传递的效率和准确性;通过物联网技术实现设备的远程监控和维护,可以提高生产效率;与供应商、物流公司等建立紧密的合作关系,可以实现供应链的优化。

其次是模式裂变。企业通过创新商业模式、拓宽业务领域等方式,可以实现从局部孤岛到连通体系的转变。这种裂变模式有助于企业抓住市场机遇、拓展市场份额和提高盈利能力。例如,企业通过跨界合作、O2O等方式拓宽业务领域;通过提供个性化、定制化的产品或服务满足客户需求;通过平台化运营实现资源的共享和价值的共创。

国内某知名电商企业最初是一家专注于线上销售的电商平台。随着市场的变化和竞争的加剧,该企业意识到要想保持领先地位,必须转变传统的商业模式,实现从局部孤岛到连通体系的转变。为此,该企业采取了相关措施,达到了体系连通的目的(见图12-2)。

加强内部协同
建立统一的信息平台和数研管理系统,实现企业的采购、销售、物流等部门之间的信息共享和资源整合,提高整体运营效率。

拓展业务领域
与线下实体店合作,共同打造O2O闭环;收购其他领域的公司/品牌,实现多元化经营;通过自建物流体系,完善自身服务链条。

提升用户体验
利用大数据分析用户行为和喜好,为用户推荐更加符合其需求的产品或服务;建立会员制度和积分体系,提高用户的忠诚度和黏性。

图12-2 某电商企业实现连通体系的措施

通过以上措施的实施,该电商企业成功实现了从局部孤岛到连通体系的转变。这使企业内部各部门之间的协同变得更加高效;业务领域得到了拓宽；用户体验得到了提升；企业的整体运营效率和盈利能力也得到了显著提高。

综上所述，通过加强网络协同和商业模式裂变等方面的措施，企业可以实现从局部孤岛到连通体系的转变。这种转变有助于企业抓住市场机遇，拓宽业务领域，提升客户体验，实现可持续发展。在未来的市场竞争中，只有不断创新、拥抱未来商业裂变趋势的企业才能长期屹立于时代的潮头。

从串行推进到并行协同

并行协同的核心概念是信息共享和资源整合，这可以提高效率和减少成本。相关的理论包括知识管理和协同经济理论。其中，知识管理理论主要关注如何组织、存储和传递知识，以便团队成员可以共享和利用它们。协同经济理论则着眼于通过协同合作来实现经济效益，如共享经济和开放式创新。这些理论的出处包括 Peter Drucker 的《知识工人时代》和 Yochai Benkler 的《富裕的网络：协同经济的崛起》。

并行协同可以提高整体运营效率，减少中间环节。相关的理论包括业务流程再造和精益生产。业务流程再造理论关注如何重新设计和优化业务流程，以实现更高的效率和质量。精益生产理论则强调通过消除浪费和持续改进来提高生产效率。这些理论的出处包括 Michael Hammer 和 James Champy 的《业务流程再造》和 James Womack 等人的《精益思维》。

从串行推进到并行协同是一场商业变革的探讨，企业在这个过程中不仅面临着商业模式的裂变，还需要适应网络化协同的趋势。串行推进强调线性、单向的发展,而并行协同则注重多元、同时的合作。

串行推进是指企业内部各部门要按照一定的顺序和流程进行工作,通常是从上游到下游,各部门之间缺乏信息共享和沟通。这种模式的局限性主要体现在以下几个方面:

(1)效率低下。串行推进模式会导致企业内部流程烦琐,各部门之间信息传递缓慢,降低了企业的整体运营效率。

(2)资源浪费。各部门之间的信息不畅,导致资源分配不合理,会造成资源浪费。

(3)客户需求响应滞后。串行推进模式会导致企业对客户需求响应滞后,丧失市场机会。

并行协同是指企业内部各部门之间要实现信息共享、资源整合和业务协同,以便更快地响应市场变化和客户需求。相比串行推进,并行协同具有以下优势:

(1)提高效率。通过信息共享和资源整合,企业可以优化流程,减少中间环节,从而提高整体运营效率。

(2)降低成本。通过各部门协同合作,让资源得到更加合理的分配和利用,减少了浪费,降低了企业的成本。

(3)快速响应市场。并行协同使得企业能够快速获取市场信息,并让企业以此及时调整战略和业务模式,抓住市场机遇。

(4)提升客户体验。通过与客户的紧密联系,企业可以为客户提供更加一致、优质的客户服务,从而提高客户满意度。

如今,随着市场的变化和竞争的加剧,越来越多的企业都意识到要更好地生存下去,必须将运营模式从串行推进转变为并行协同。

从串行推进到并行协同的案例往往涉及网络化协同,这有助于提高团队效率、降低开发时间。以某企业的一个软件开发项目为例，进行详细讲解。

在项目初期，该开发团队采用传统的串行推进方式。团队成员按照线性计划，依次完成不同的任务，即必须等待前一步完成后才能进行下一步。这种串行方法虽然有一定的可控性，却容易导致项目整体进度较慢，而且沟通效率相对较低。

为了改变这种状况，该开发团队决定引入并行协同和网络化协同的理念。首先，他们将整个项目划分为多个模块，每个模块由一个小团队负责。这些小团队被授权在各自的领域内做出决策，以提高响应速度和减少层级决策的延迟。

与此同时，团队引入了网络化协同工具，如项目管理软件、版本控制系统和在线协作平台。这些工具使得团队成员可以实时共享信息、查看项目进度、解决问题，并进行实时协同编辑。通过网络化协同，团队能够更迅速地响应变化，减少沟通障碍，提高信息的透明度。

例如，该开发团队的 UI 设计师可以与后端开发人员并行工作，通过网络化协同工具分享设计草图，以获取实时反馈。同时，数据库管理员也可以与其他成员协同处理数据库设计，以确保各个部分的一致性。这种网络化协同使得团队能够实现更紧密的协作，同时在开发周期内更灵活地适应变化。

总体而言，通过从串行推进转变为并行协同，并结合网络化协同工具，该开发团队成功地提高了开发效率、缩短了项目周期，并增强了团队协作的灵活性。这个案例凸显了如何通过采用先进的协同方式，来更好地适应快速变化的项目需求。

由此可见，并行协同的实现需要企业积极采用先进的技术和管理手段。信息技术的广泛运用可以实现组织内外的高效沟通与协同,并促使资源的迅速调配和共享。同时,灵活的管理模式和开放式创新氛围也是推动并行协同的重要因素,要通过鼓励员工跨部门、跨团队的合作,来推动创新的发生。

总之,企业从串行推进到并行协同的过程中,必须结合网络化协同。这一变革不仅为企业带来了更大的灵活性和创新力,还使其能够更好地适应日益复杂和变化莫测的商业环境。

聚焦业务协作,打造数据贯通体系

数字化时代,数据已经成为企业最宝贵的资产。然而,如何充分利用这些数据,实现业务协作和数据贯通,成为许多企业面临的挑战。本节将围绕业务协作,探讨如何打造数据贯通体系,并为其提供了一种创新性的解决方案。

业务协作是指企业内部各部门之间、企业与外部合作伙伴之间围绕共同的目标,通过有效的沟通、协调和合作,来实现资源的共享和优化配置。在当今高度竞争的市场环境中,企业必须加强业务协作,以提高运营效率、快速响应市场变化和抓住商业机会。

数据贯通则是指将分散的数据进行整合,形成统一的数据视图,从而为业务协作提供有力支持。可以看出,数据贯通是业务协作的基础,两者相辅相成,共同推动着企业的发展。

数据贯通体系是企业内部各部门之间的数据流动和共享,并让数据标准化、集成化和实时化。通过数据贯通体系,企业可以更好地整合资源、优化流程、提高决策效率和客户满意度。企业打造数据贯通体系具有以下优势：

（1）提高运营效率。数据在各部门之间的顺畅流动，可以减少重复工作和沟通成本，提高企业内部运营效率。

（2）优化决策支持。实时、准确的数据分析能够帮助企业做出更加科学、合理的决策，把握住市场机遇。

（3）增强用户体验。通过数据贯通，企业可以更好地了解客户需求，并为其提供个性化、定制化的服务，这能提高客户满意度。

业务协作和数据贯通是怎样的关系呢？即如何通过促进业务协作和建设数据贯通体系，提升组织的整体效能？

首先，业务协作的关键在于明确和优化业务流程。通过详细分析和定义企业的各个业务环节，可以找到提高协作效率的机会。建立跨部门的协作机制，确保信息在各个业务环节之间能够顺畅传递，避免"信息孤岛"的问题。这需要领导层的坚定支持，以确保全员的积极参与和执行。

其次，数据贯通体系的构建是实现协作目标的基础。整合各类数据源，包括业务数据、市场数据、客户数据等，以形成全面、一体化的信息视图。采用先进的数据管理技术和工具，以确保数据的准确性、及时性和安全性。建立数据标准和规范，以确保数据在不同业务环节之间能够无缝对接，从而提高决策的准确性和效果。

新蛋网（Newegg）是一个在线计算机硬件和软件零售商，主要出售计算机硬件、软件、外设、游戏、电子产品、配件、DVD光盘、家用器皿、器具、工具、家具和办公用品等。作为一家2001年成立的新兴互联网公司，在数字化转型方面取得了显著成果。新蛋网通过聚焦业务协作和打造数据贯通体系，实现了企业的快速发展和市场竞争力的提升。

（1）强化业务协作。新蛋网采用扁平化管理结构，鼓励内部团队之间的自主协作和创新。通过建立跨部门的工作小组和项目团队，打破了部门壁垒，提高了工作效率和响应速度。此外，新蛋网还通过引入敏捷开发方法，加快了产品迭代和项目交付速度，使其能更好地满足市场需求。

（2）打造数据贯通体系。新蛋网高度重视数据的整合、分析和利用。通过建立统一的数据平台和标准化的数据管理体系，实现了数据的实时采集、存储、分析和共享。这不仅提高了数据处理效率，还为企业决策提供了有力支持。此外，新蛋网还通过数据挖掘和机器学习等技术手段，不断优化算法模型，以提高推荐算法的精准度和客户满意度。

（3）强化技术支撑。新蛋网拥有强大的技术团队和先进的技术基础设施。通过自主研发和外部合作，不断推出新技术和创新产品。

（4）持续改进与优化。通过对市场趋势、客户需求和内部运营数据的实时监测和分析，新蛋网不断调整战略方向和优化业务流程。

通过以上措施的实施，新蛋网成功地聚焦业务协作，打造了数据贯通体系，提高了运营效率和市场竞争力。

综合而言，通过聚焦业务协作，打造数据贯通体系，企业就能够实现内外部信息的高效流通，并提高决策的准确性和迅速应对市场变化的能力。这一战略的长期实施将为企业带来持续的竞争优势和可持续发展。

围绕实时响应，打造高效云边协同体系

随着云计算的普及和边缘计算的崛起，云边协同成为新一代信息技术的重要趋势。云边协同旨在实现云计算与边缘计算的深度融合，以实时响

应需求，提高数据处理和分析的效率。因此，企业构建高效云边协同体系，应围绕实时响应进行布局。

边缘计算将数据处理和分析的能力下沉到数据源头附近，大大减少了数据传输的时延。云计算提供了强大的计算资源和数据处理能力，可以对海量数据进行深度分析和挖掘。

云边协同体系主要由边缘计算节点、网络中心和云计算中心三部分构成，其体系优势则有四个方面（见图12-3）。

低延迟
由于数据处理和分析在数据产生的源头进行，所以极大地减少了数据传输时延，这为实时响应提供了可能。

高效率
云计算中心与边缘节点之间形成高效的协同工作机制，使得数据处理更加高效。

数据安全
通过边缘节点的初步处理，可以减少传输到云计算中心的数据量，降低了数据泄露的风险。

可扩展性
随着业务需求的增长，可以灵活增加边缘节点或云计算中心的资源，以满足企业的扩展需求。

图 12-3　云边协同体系的优势

边缘计算节点部署在数据产生的源头，负责实时收集并处理数据。这些节点具有数据预处理、即时响应和初步分析的能力。这种分布式计算架构可以极大地减轻云计算中心的压力，同时保证数据的实时性。

网络通信负责将边缘计算节点收集的数据传输到云计算中心。为了保证数据传输的实时性和稳定性，企业通常会采用高速、稳定的网络通信技术，如5G或未来的6G技术。

云计算中心作为整个体系的核心，负责全局性的数据处理、存储和智能分析。通过与边缘节点的实时通信，云计算中心可以获取到实时的数据流，从而为边缘节点提供算法更新和数据处理模板，为企业提供科学、准确的决策支持。

某智能制造企业为了提高生产效率和产品质量，决定引入高效云边协同体系。具体实施方案如下：

（1）边缘计算节点部署。在生产线上的各个关键环节部署边缘计算节点，实时收集生产数据，如设备运行状态、物料消耗等。这些节点使用预定义的算法和模型，能对收集到的数据进行初步处理和分析，从而识别出异常情况或潜在问题。

（2）数据传输与通信。通过高速网络通信技术，将边缘计算节点收集的数据实时传输到云计算中心。该企业采用5G网络，确保了数据传输的稳定性和实时性。此外，为了应对生产线上可能出现的突发状况，该企业还建立了应急通信机制，以确保数据不丢失或延迟。

（3）云计算中心分析。云计算中心对接收到的数据进行深度分析和挖掘，并提供全面的生产监控和预测性维护功能。通过机器学习和人工智能技术，云计算中心能够预测设备故障、优化生产流程、提高产品质量和降低能耗。

（4）实时响应与决策。基于云计算中心的分析结果，企业可以及时发现并解决生产过程中的问题。例如，当某个设备出现异常时，边缘计算节点可以立即触发报警系统，通知维护人员及时处理；同时，云计算中心也可以调整生产计划和资源配置，以确保生产线的稳定运行。

（5）持续优化与扩展。该企业根据实际生产情况持续优化云边协同体系。例如，通过不断学习和调整边缘节点的算法和模型，提高数据处理的准确性和效率；同时，随着生产规模的扩大和技术的更新换代，该企业可以灵活地扩展边缘计算节点和云计算中心的规模和功能。

通过引入高效云边协同体系，该智能制造企业实现了生产过程的实时监控、问题预警和快速响应。这不仅提高了生产效率和产品质量，也为企业节省了大量的维护成本和资源消耗。同时，这种体系还为企业提供了丰富的数据分析结果和预测性维护建议，帮助企业更好地了解市场需求和趋势，为未来的发展打下坚实的基础。

综上所述，企业将在云边协同的基础上进一步深化数据分析和利用的层次，通过人工智能、大数据、可预见的 6G 等技术提升体系的智能化与网络化水平。此外，随着数据安全和隐私保护需求的日益增长，云边协同体系在数据加密、隐私保护等方面的技术也将得到加强和完善。总之，随着技术的不断进步和应用场景的不断丰富，企业围绕实时响应打造的云边协同体系，将在未来发挥更大的作用和价值。

第十三章　平台化布局，从归核化到分布式

归核化强调将企业资源集中，通过聚焦核心业务，来提高效率和竞争力。随着技术的发展和市场的变化，单一核心已不能满足多元化需求，因此，分布式布局应运而生。通过将不同业务或功能分布布局，可以提高企业应对市场变化的能力，并能提升商业模式创新与裂变的能力，是企业未来发展的重要方向。

企业平台化，员工创客化

企业平台化和员工创客化涉及组织结构变革、员工激励和创新能力的理论。在管理学中，这与开放创新理论相关。开放创新理论认为企业应该打破传统的研发边界，要借助外部和内部的创新资源，以开放的方式进行创新。这也涉及员工激励理论，包括激励与动机理论，如 Maslow 的需求层次理论和赫茨伯格的双因素理论等。

倒三角结构涉及组织结构的理论，这跟管理学中的扁平化组织结构相关。扁平化组织结构强调减少组织层级、加强信息流动和决策效率，这能使组织更适应快速变化的外部环境。

企业平台化与员工创客化是一种新的组织模式，它将企业从传统的科层结构转变为开放的平台，并为员工提供了更多的自主权和发挥空间。通过这种模式，企业可以激发员工的创新精神和创造力，并实现个人与企业的共同发展。这个过程中，企业需要不断调整自己的组织结构和管理方式，以适应市场的变化和员工的需求。

1998年，在"内部模拟市场化"管理理念指导下，海尔集团内部全面推行市场链流程再造，以打造"自主经营体"为目的，全面铺开"人人是人才，赛马不相马"的全新用人理念。

所谓自主经营体，是指在用户需求的推动下，由企业内部来自不同职能部门的市场数据链接各环节（包括市场、企划、研发、生产、供应链、渠道、人力、财务等）组成的能够共同对用户需求及时响应，并能独立核算投入与产出的自主经营团队。这样的自主经营团队打破了企业原有的部门界限，形成了跨部门、跨区域、跨项目的综合团队。通过损益表、日清表、人单酬表等核算方式进行独立核算，能促使每一位身处其中的员工主动工作。

海尔的自主经营体为适应时代发展也在不断改进，这保证了自主经营体在海尔的良好效果。

1. 企业内部结构转变

在新经济环境下，金字塔结构的层级管理已经越发难以适应，取而代之的是将"能听到炮声"的一线人马推到顶端的"倒三角结构"。在这种结构中，企业领导层仍处于尖端，但已从最高处翻转至最低处；一线员工仍处于底部，但已经翻转至最高处。整个组织的重量都压在尖角上，领导层的责任比以往更重了，对广大员工的依赖也更多了。

在海尔，处在倒三角最上部的是与消费者直接接触的自主经营体（内部是每位员工），往下是各个职能部门，将市场需求向"下"反映至各个职能部门，甚至可以直接向尖端最高领导层反映，以保证"市场"为企业各种行动的起点。这种以"市场链"为纽带的组织结构，将每一位员工从被管理者升级为经营者。

2.员工自有身份转变

不仅海尔集团化整为零，将整体转变为各个自主经营体，每一位员工也都转变为"微型自主经营体"。员工视自己为自主经营、自负盈亏的"小公司"，集团为每一个微型自主经营体设计了一张财务报表——"微型自主经营体损益表"，上面将每个人的支出与收入清楚列出，通过具体数字反映员工的工作状态。

员工必须对自己负责，并对自主经营的整个流程进行控制，争取在周期内实现利润突破。若出现连续两个周期亏损的微型自主经营体，集团就会做出人员调整。

3.企业功能转变

企业是创业者通过创业得到的，但企业本身却剥夺了处于其中的员工的创业机会。但当代经济形势却鼓励人们去创业，做一个"创客"，显然这在传统企业中是矛盾的。

海尔集团在化身各个自主经营体后，企业功能也随之发生了转变，因为在这个过程中发现了员工的创新与创造能力。为了将员工的潜力更大地挖掘出来，海尔搭建起"创业孵化平台"，将原来只负责执行命令的员工转变为企业的"动态创业合伙人"。因此，这条"创客链"更加彻底地打破了企业边界，在形成的满足用户需求的利益共同体生态圈中，通过与各平台的合作协调，各类优质资源被源源不断地输送到以自组织、自管理方式形成的"小微单元"。

目前，海尔共形成了 2000 多个自主经营体，通过最小化经营单元，带动了自身大生态圈的活力，这正是企业平台化与员工创客化的精髓所在——"小前端＋大平台＝富生态"。

企业平台化与员工创客化是商业模式裂变的强大驱动力。通过打造灵活、开放的平台，企业能够快速响应市场变化，有效整合内外部资源，不断创新商业模式。而员工创客化则激发了个体的创造力，释放了组织的活力，为商业模式创新提供了源源不断的动力。

在数字化时代，企业应积极拥抱平台化和创客化，培养员工的创新精神，打造充满活力的商业模式。只有这样，企业才能在激烈的市场竞争中基业长青，并实现持续、健康的发展。

小企业的智能数据平台模式

随着信息时代的发展，数据已经成为企业进行商业模式创新与裂变的重要资源之一。对于大型企业而言，建立智能数据平台早已成为常态，但对于小企业而言，如何构建适合自身情况的智能数据平台模式则成为一个挑战。

智能数据平台是指通过先进的数据分析技术，为企业提供全面、实时、智能的数据服务，以帮助企业实现数据驱动的决策和业务增长。小企业搭建智能数据平台，可以有效地整合企业内外部数据，提高数据利用效率，降低数据获取和分析的门槛。因此，小企业的智能数据平台模式应当具备以下特点：

（1）简化集成。考虑到小企业的资源有限，智能数据平台应具备简单易用的集成接口，要能够快速地与企业现有的数据源和系统进行连接，并实现数据的无缝流通。

（2）弹性扩展。模式应具备弹性扩展的能力，随着企业的发展，要能够方便地添加新的功能模块和数据处理能力，以满足不断变化的业务需求。

（3）数据分析。平台应具备自动化的数据分析功能，要能够根据企业的数据特点，自动识别并分析有价值的信息，从而为决策提供有力支持。

（4）数据安全。模式应提供严格的安全机制，要确保数据在传输、存储和处理过程中得到充分保护，并防范潜在的风险。

（5）成本效益。小企业通常资源有限，其模式应具备较低的成本，既要满足业务需求，又要保持合理的投入产出比。

（6）决策支持。根据数据分析结果，为小企业管理层提供决策依据，辅助制定战略和策略。

当小企业具备了上述特点且缺一不可，才能进一步探讨适用于小企业的智能数据平台模式的实施策略（见图13-1）。

01 数据整合 梳理企业内外部的数据资源，并将其纳入数据平台进行统一管理。

02 需求分析 明确企业需要解决的具体问题和业务需求，确定数据平台的功能和目标。

03 数据处理与分析 运用大数据处理技术和分析方法，对数据进行处理和分析，挖掘数据的潜在价值。

04 平台搭建 选择合适的技术架构和工具，来搭建智能数据平台。

05 持续优化 根据实际应用情况和业务需求的变化，不断优化数据平台的功能和性能。

06 可视化与决策支持 将分析结果以可视化的形式呈现给用户，为企业管理层提供决策支持。

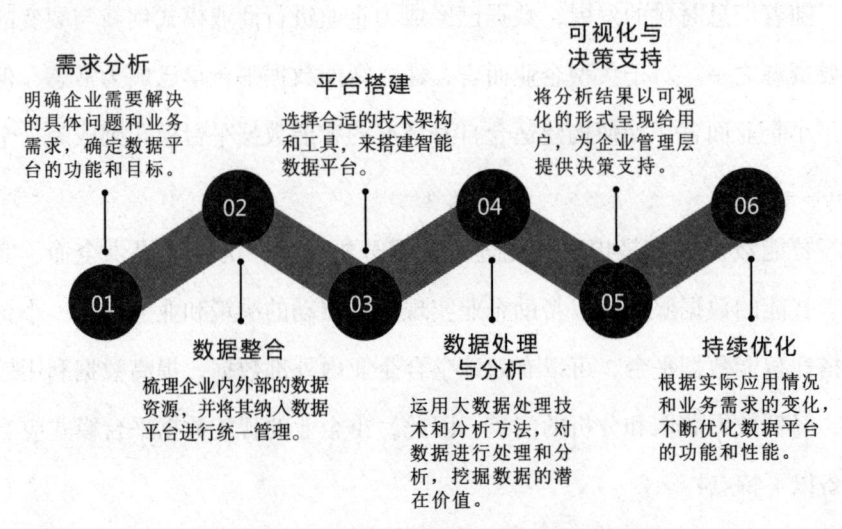

图 13-1 小企业搭建智能数据平台的步骤

某电商企业处于成长阶段时，面临着市场竞争激烈、用户群体多样化、营销策略需要不断调整等挑战。为了更好地应对这些挑战，该企业决定引入智能数据平台模式来整合和分析自身的业务数据，并进一步优化经营策略。具体实施步骤如下：

第一步——需求分析。明确自身的业务需求和目标。例如，了解用户购买行为、优化产品推荐算法、提高营销活动的投入产出比等。

第二步——数据整合。梳理自身的业务数据，包括订单信息、用户行为数据、产品信息等，并将这些数据统一纳入智能数据平台进行管理。同时，该企业又整合了市场调查和竞争情报等相关外部数据。

第三步——平台搭建。选择基于云计算的大数据处理技术栈和相关分析工具，进行智能数据平台的搭建。这一方案具备弹性扩展和高可用性的优点，满足了该企业的实际需求。

第四步——数据处理与分析。通过运用机器学习算法对用户行为数据进行深入挖掘，来进一步了解用户的购买偏好和购物习惯。同时，结合市场调查和竞争情报数据进行的多维度分析，为企业制定营销策略提供了有力的依据。

第五步——可视化与决策支持。将数据分析结果以可视化的形式呈现给管理层和业务人员。通过数据分析报告和动态仪表板等形式，决策者能够更加直观地了解市场情况和业务运营状态。基于这些可视化结果，该企业进一步优化了产品推荐算法和营销活动策略，提高了业务效率和客户满意度。例如，根据用户的购买历史和浏览行为，为其推荐相应的产品或提供定制化的促销活动邀请，这不仅可以提高用户的购物体验和忠诚度，也能进一步提升企业的销售额和市场份额。

第六步——持续优化。通过智能数据平台的分析功能，该企业能够及时发现市场变化和竞争对手的动态信息（如价格调整、新产品发布等），以便迅速作出应对措施或调整自身的市场策略，这些决策支持功能使得企业在激烈的市场竞争中保持了竞争优势。

综上所述，小企业在构建智能数据平台模式时需要考虑平台的特点和实施策略，以实现数据的高效管理和智能分析。通过合理的规划和实施，小企业可以借助智能数据平台模式实现更加精准的决策，从而推动业务持续增长。

逆向打通产业链流量

产业链流量是指商品和服务的供给和需求在产业链中的流动，其流动性反映了产业发展的活力与效率。传统的产业链流量往往是正向的，即从供应商到生产商再到消费者的流动。然而，在数字化和全球化的今天，产业链的各个环节被紧密地交织在一起，产业链流量呈现出逆向打通的新趋势。逆向打通产业链流量，即从消费者反向渗透到生产、供应商的各个环节，这重塑了整个产业链的生态。

逆向打通产业链流量对于企业经营发展和商业模式创新的影响如下：

（1）提高产业效率。通过精准掌握消费者需求，企业可以更加科学地进行生产和供给，减少无效的库存和物流，提高产业的整体效率。

（2）促进产业创新。企业为了满足消费者的个性化需求，必须不断地进行产品和服务的创新，这有助于推动整个产业的创新发展。

（3）提升消费者体验。企业通过对消费者需求的精准掌握，可以为消费者提供更加贴心、个性化的产品和服务，从而提升消费者的购物体验。

（4）增强企业竞争力。通过逆向打通产业链流量，企业可以更好地满足市场需求，提高自身的市场份额和竞争力。

只有当企业深入理解了逆向打通产业链流量的深层含义后，才能在具体实践中以正确的方式实施逆向打通。

1957年创立的Canada Goose（加拿大鹅），在信息尚不发达的时代，便通过各种方式挖掘消费者需求；在数字时代到来后，更率先运用数字化技术，实现了对消费者需求的精准掌握。Canada Goose运用大数据分析，了解了不同地区、不同年龄段消费者的购买习惯和偏好，然后根据这些信息进行产品的设计和生产；同时，还通过物联网技术，实现了对供应链的实时监控，确保了产品的质量和交货时间。这种从消费者到生产、供应商的逆向打通，使得该品牌的产品更加符合市场需求，大大提高了其市场竞争力。

在逆向打通产业链方面，中国企业的探索与发展更加全面彻底，这得益于中国经济的高速发展与适应新时代的卓越能力。高速发展的经济让中国企业有了充足的底气，可以以试错的心态去架构并打通逆向产业链，而适应力则让中国企业在试错的过程中能够快速发现逆向打通产业链的最佳方法并快速布局实施。

中联重科作为中国工程机械行业的领军企业，它的成功在很大程度上得益于其独特的产业链战略布局。近年来，中联重科在保持传统业务优势的同时，积极向产业链上下游延伸，通过逆向打通产业链流量，实现了产业链的整合和优化，进一步提升了企业的竞争力和市场地位。

首先，中联重科通过向产业链上游延伸，加强了对原材料和设备供应商的控制。通过与供应商建立紧密的合作关系，中联重科能够确保原材料的稳定供应和质量可控，从而降低了生产成本和产品质量风险。同时，通过向上游延伸，中联重科还能够参与新产品的研发和生产过程。

提前掌握行业发展趋势和技术创新动态，为企业的持续发展提供了有力支持。

其次，中联重科通过向产业链下游延伸，加强了与终端用户的联系和服务。通过建立完善的销售网络和售后服务体系，中联重科能够更好地了解用户需求和市场变化，并以此及时调整产品结构和生产策略，满足了用户的个性化需求。同时，通过向下游延伸，中联重科还能够提供一站式的解决方案和服务，这增强了用户的黏性和忠诚度，进一步扩大市场份额。

此外，中联重科还通过逆向打通产业链流量，实现了产业链各环节之间的协同和优化。通过整合产业链资源，中联重科能够优化生产流程、提高生产效率、降低运营成本，从而提升企业的整体盈利能力和市场竞争力。同时，通过逆向打通产业链流量，中联重科还能够推动产业链的升级和转型，从而促进整个行业的可持续发展。

由此可见，逆向打通产业链流量是数字化和全球化时代的重要趋势，不仅有助于提高产业效率和促进创新，还能提升消费者体验和企业竞争力。然而，要实现逆向打通产业链流量并非易事，需要企业具有强大的数字化技术能力、市场洞察力和快速响应能力。未来，随着数字化技术的进一步发展和消费者需求的不断升级，逆向打通产业链流量的趋势将更加明显，有望成为推动产业升级和发展的重要力量。

对于企业而言，要顺应这一趋势，必须加强自身的数字化建设，提高对消费者需求的敏感度和响应速度。同时，企业还需要与供应商和生产商建立更加紧密的合作关系，共同应对市场的变化。此外，政府和社会也应该提供相应的支持和保障措施，如加强数字化基础设施建设、完善相关法律法规等，以促进逆向打通产业链流量的发展。

总之，逆向打通产业链流量是未来产业发展的重要趋势之一。企业、政府、社会各界应共同努力，加大数字化技术的研发和应用推广力度，支持企业顺应这一趋势进行转型升级和创新发展，从而为产业的可持续发展与商业模式的创新与裂变注入新的活力。

去中心化的超级生态平台

随着互联网技术的发展和普及，我们正在经历一个去中心化的过程。区块链技术作为去中心化的代表性技术，为构建一个全新的去中心化的超级生态平台提供了可能。这个平台将打破传统的中心化模式，实现真正的用户自治、数据自主和价值自由。

去中心化的超级生态平台是基于区块链技术构建的，具有去中心化、透明、安全和可追溯等特点。

1. 用户自治

在传统的中心化平台上，用户的数据和权益往往受到限制和侵犯。而去中心化的超级生态平台将实现用户自治，让用户拥有自己的数据主权，能够自主管理自己的数字资产。同时，用户还可以参与平台的治理，共同维护平台的稳定和发展。

Steemit 是一个去中心化的内容创作平台，用户可以在上面发布文章、图片和视频等内容，并获得平台的奖励。Steemit 通过区块链技术实现了用户自治，用户可以掌控自己的数字资产，并参与平台的治理。这使得 Steemit 成为一个充满活力和创造力的内容创作平台。

2. 数据自主

在传统的中心化平台上，用户的数据往往被平台控制和利用。而去中心化的超级生态平台将实现数据自主，用户可以掌控自己的数据，并自主决定数据的用途和分享方式。这将有效保护用户的隐私和数据安全，同时促进数据的合理利用和创新。

IBM Storage 是一个去中心化的数据存储平台，用户可以将自己的数据存储在 IBM Storage 的网络中，并获得一定的奖励。IBM Storage 通过区块链技术实现了数据自主，让用户可以掌控自己的数据，并自主决定数据的用途和分享方式。这使得 IBM Storage 成为一个安全、隐私和可信赖的数据存储平台。

3. 价值自由

在传统的中心化平台上，用户的价值和收益往往受到限制和剥夺。而去中心化的超级生态平台将实现价值自由，用户可以自由地创造和分享自己的价值，并获得相应的收益。这将激发用户的创造力和参与度，同时促进价值的流动和创新。

Augur 是一个去中心化的预测市场平台，用户可以在上面发布预测事件，并获得平台的奖励。Augur 通过区块链技术实现了价值自由，用户可以自由地创造和分享自己的价值，并获得相应的收益。这使得 Augur 成为一个开放、透明和可信的预测市场平台。

通过上述分析可以预见，去中心化的超级生态平台是一个充满潜力和机遇的新领域。随着区块链技术的不断发展和完善，企业可以期待更多的去中心化应用涌现出来，并利用这些应用打造一个更加开放、透明、安全和可信赖的数字生态。同时，企业也要警惕过度去中心化带来的风险和挑战，如安全问题、治理难题等。在未来的发展中，企业需要加强技术研发和创新，完善相关法规和规范，以推动去中心化的超级生态平台的可持续发展。

总之，去中心化的超级生态平台是一个值得关注和探索的新领域。通过区块链技术实现用户自治、数据自主和价值自由，企业可以打造一个更加开放、透明、安全和可信赖的数字生态。

统筹规划平台安全体系，吸引更多企业加入生态圈

美国经济学家马歇尔·范·阿尔斯特（Marshall Van Alstyne）和史考特·斯特恩（Geoffrey Parker）在 2016 年的《平台革命》一书中提出的平台经济理论，解释了平台在数字化时代中的重要性，以及平台如何促进企业间交互、业务拓展和数据流通。[①]

随着数字化时代的来临，平台已经成为企业间交互、业务拓展和数据流通的重要载体。然而，随之而来的网络安全问题也日益凸显。因此，构建一个安全、稳定、可靠的平台安全体系，对于保障企业资产、数据安全以及业务连续性至关重要。这不仅可以提高企业的竞争力和品牌形象，还能够吸引更多的合作伙伴加入生态圈，共同发展壮大。

1. 统筹规划平台安全体系

统筹规划平台安全体系是确保平台稳定、可靠、安全的重要手段，需要从多个层面进行考虑和实施：

（1）制定安全策略与标准。企业需要制定一套符合自身业务特点和发

[①] 杰奥夫雷 G. 帕克，马歇尔 W. 范·埃尔斯泰恩，桑基特·保罗·邱达利. 平台革命：改变世界的商业模式 [M]. 志鹏，译. 北京：机械工业出版社，2017.

展需求的安全策略与标准,以明确平台安全的目标、原则和要求,包括但不限于数据加密、访问控制、风险评估、应急响应等方面的规定。

(2)强化技术防护措施。在技术层面,企业需要采取一系列防护措施来确保平台的安全性,包括部署防火墙、入侵检测系统、病毒防护系统等基础设施,以及使用加密技术、身份验证机制等手段提高平台的安全性。

(3)建立安全管理体系。除了技术防护措施外,企业还需要建立一套完善的安全管理体系,包括建立安全管理机构、制定安全管理制度、明确安全责任分工、实施安全培训等,以确保平台安全体系的持续有效运行。

(4)定期进行安全审计与评估。为了确保平台安全体系的有效性,企业需要定期进行安全审计与评估。这可以通过第三方机构或企业内部的安全团队完成,主要针对平台的安全策略、技术措施和管理制度进行全面的审查和测试,以确保其符合预定要求。

可见,统筹规划平台安全体系需要从多个层面进行综合考虑和实施,以确保平台的稳定、可靠和安全性。建立平台安全体系不仅可以提高企业的竞争力和品牌形象,还能吸引更多的合作伙伴加入生态圈,共同发展壮大。

2. 吸引企业加入生态圈的策略

制定有效的策略并不断优化和创新是吸引企业加入生态圈的关键,这需要制定一系列有效的策略:

(1)打造优质平台。为了吸引企业加入生态圈,必须打造一个安全、稳定、高效的优质平台。这需要企业在平台设计、开发、测试、部署等各个环节严格把关,以确保平台的性能、可用性和安全性达到较高水平。同时,企业还需要不断优化平台功能和用户体验,以满足不同企业的需求。

(2)提供丰富的生态服务。除了平台本身的质量外,企业还需要提供一系列丰富的生态服务，以吸引更多的合作伙伴，包括技术支持、解决方案提供、业务咨询、市场推广等方面的服务，以便更好地满足企业的需求，提高其竞争力。

（3）建立良好的合作关系。企业需要与合作伙伴保持密切的联系，了解其需求和关切，并为其提供支持和帮助。同时，企业还需要积极开展合作活动，以促进双方之间的交流与合作，并共同来拓展业务领域和市场空间。

（4）制定合理的合作机制。为了保持生态圈的稳定和可持续发展，企业需要制定合理的合作机制，包括利益分配机制、风险共担机制、资源共享机制等，以确保合作伙伴之间的利益关系公平合理，并能共同应对市场风险和挑战。同时，企业还需要不断完善合作机制，以适应市场的变化和合作伙伴的需求。

总之，企业必须持续优化和调整生态圈结构，只有确保其始终保持活力与竞争力，才能有效吸引各类企业加入生态圈，并共同推动产业的繁荣与发展。

第十四章　生态化融合，打破商业边界的共生模式

生态化融合使本企业与其他企业、生态环境、社会多方之间不再有明确的界限，而是彼此交织，形成一个共生的生态系统。这种模式打破了传统的商业边界，让企业能够更好地融入环境，与各方共同成长。因此，这种创新的商业模式有助于企业实现可持续发展，同时为整个社会创造更多价值。

从价值链条到价值网络

传统的价值链条是企业核心竞争力的体现，涵盖了产品设计、生产、销售、售后服务等各个环节。然而，随着全球化、信息化的发展，价值链条的局限性日益凸显。

首先，价值链条难以应对快速变化的市场需求。在价值链条中，各个环节之间的联系是线性的、固定的，缺乏灵活性和适应性。这使得企业在面对市场需求变化时，难以快速作出反应。

其次，价值链条难以满足个性化消费需求。随着消费者需求的多样化，个性化消费成为趋势。然而，价值链条的标准化、规模化生产模式难

以满足个性化消费需求。

最后，价值链条难以实现资源共享和协同效应。价值链条各个环节之间缺乏有效的信息共享和协同机制，导致资源利用效率低下，企业竞争力下降。

因此，企业需要从价值链条向价值网络转型，以适应不断变化的市场环境。价值网络是一种新型的企业组织形式，打破了传统价值链条的限制，实现了各个环节之间的动态连接。价值网络的核心是合作与共享，通过资源整合、信息共享、协同创新等方式，实现企业价值的最大化。

相比传统的价值链条，价值网络具有以下优势：

（1）灵活性更高。价值网络中的企业会根据市场需求，灵活调整合作伙伴和资源，快速适应市场变化。

（2）创新能力更强。价值网络中的企业可以共享知识和资源，通过协同创新提高整体创新能力。

（3）资源利用效率更高。价值网络可以实现资源的优化配置，提高企业的资源利用效率，降低运营成本。

（4）消费者体验更好。价值网络可以更好地满足消费者的个性化需求，提高消费者的满意度和忠诚度。

为了更好地理解价值网络在企业生态化发展中的作用，下面以小米公司为例进行分析。小米是一家以智能手机为主要产品的科技企业，通过构建一个庞大的生态圈，实现了从价值链条到价值网络的转型。

小米生态圈主要包括硬件、软件、互联网服务、新零售四大领域：①在硬件方面，小米通过投资和合作的方式，聚集了一大批优质的供应链企业，形成了强大的硬件制造能力。②在软件方面，小米基于安卓系统开发了MIUI操作系统，并推出了众多自主研发的软件和服务。③在互联网服务方面，小米围绕手机用户的需求，提供了游戏、影视、音乐、金融等多元化服务。④在新零售方面，小米通过线上线下融合的方式，打造了高效的新零售体系。

小米生态圈的成功在于，通过价值网络实现了资源的优化配置和信息共享。生态圈内的企业可以根据市场需求灵活调整合作方式和资源分配，实现快速创新和响应市场变化。同时，小米通过生态圈的建设，提高了自身的竞争力和抗风险能力，实现了持续的高速增长。

从价值链条到价值网络的转变是企业生态化发展的必然趋势。为了成功实现这一转变，企业需要关注一些重要方面（见图14-1）。

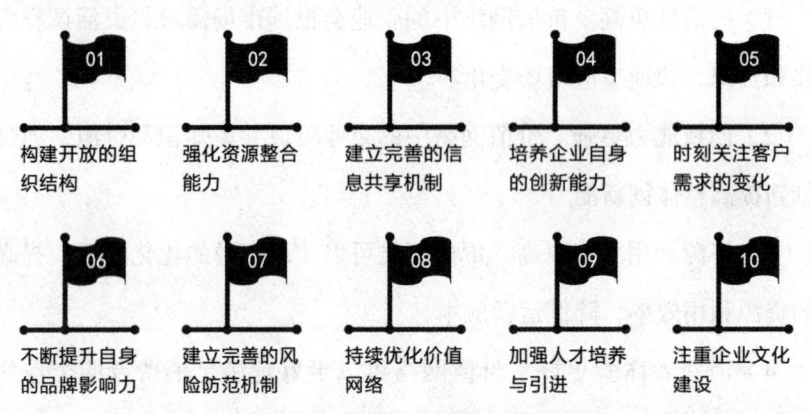

01 构建开放的组织结构	02 强化资源整合能力	03 建立完善的信息共享机制	04 培养企业自身的创新能力	05 时刻关注客户需求的变化
06 不断提升自身的品牌影响力	07 建立完善的风险防范机制	08 持续优化价值网络	09 加强人才培养与引进	10 注重企业文化建设

图14-1 企业实现从价值链条向价值网络转变必须注意的方面

总之，相比传统价值链条，价值网络具有更高的效率和更大的竞争优势。从价值链条到价值网络是企业发展模式的重大转变。通过价值网络的构建，企业可以更好地适应市场变化和客户需求，也可以提升自身的竞争力和抗风险能力，以实现持续的发展和创新。

占据一个生态位模式

约瑟夫·施麦克（Joseph Schumpeter）的创新理论认为，创新是推动市场经济发展的关键力量，而企业的生态化发展可以被视为一种创新。

在现代商业生态学中，"占据一个生态位模式"是一个至关重要的概念。它强调企业应该在激烈的市场竞争环境中寻找并占据一个独特的生态位，即一个能发挥自身优势、满足特定市场需求的位置，从而在长期的竞争中获得稳定的收益。这一模式要求企业清晰地识别自身的核心能力与市场机会，并在此基础上进行战略定位。

生态位不仅决定了企业在市场中的位置，还影响着企业的竞争策略和成长空间。通过占据一个独特的生态位，企业能够降低来自同行的竞争压力，因为在这个生态位中，可能只有少数企业能够与其竞争，或者该生态位的需求在很大程度上是独特和有差异的，为企业提供了一个相对安全的市场位置和成长空间。

智能手机发展到一定阶段，苹果和三星分别占据高端和中高端市场生态位。华为意识到其原有生态位（中低端市场）竞争激烈，利润空间有限，因此决定向高端市场转型。通过持续的技术创新和品牌建设，华为成功占据高端市场的生态位，实现了从跟随者到领导者的转变。在这个过程中，华为注重与供应商、渠道商和开发者等合作伙伴建立良好的生态系统关系，共同应对市场挑战。

华为的成功表明占据一个独特生态位并实现生态化融合的重要性。通过创新与合作，企业可以在竞争激烈的商业环境中脱颖而出，实现可持续发展。

为了成功地占据一个生态位，企业需要深入了解市场需求、行业趋势和竞争态势。这需要企业具备敏锐的市场洞察力和分析能力，以及根据市场变化调整自身战略的能力。此外，占据一个生态位并不是一劳永逸的，企业必须不断地创新和改进，以保持在这个生态位中的领先地位。

特斯拉创立伊始，就没有像传统的汽车制造商那样，在所有类型的市场中与所有竞争对手竞争，而是选择一个独特的生态位：生产高端电动跑车。

高端汽车市场一直存在，但传统汽车制造商往往忽视了高端电动汽车这个市场，因为它的规模相对较小，而且与大众市场相比，这个市场的消费者对价格不太敏感，但对车辆的性能和创新性有更高的要求。特斯拉看到了这个市场的潜力，并决定占据这个生态位。

特斯拉的第一个产品是 Roadster——一款高性能的电动跑车。这款产品帮助特斯拉在市场上树立了独特的形象，与其他电动汽车制造商区分开来。特斯拉不仅是一家汽车制造商，还专注于创新和技术突破。这种独特的生态位为特斯拉带来了媒体关注和消费者认可，也为其后续的产品开发奠定了基础。

随着时间的推移，特斯拉逐渐扩大了其产品线，推出了更多面向不同市场的车型，如 Model S、Model X 和 Model 3。但即便如此，特斯拉也始终坚持其高端、高性能的品牌定位，确保与其他竞争对手的差异化。

由此可见，特斯拉的成功在于其占据了一个独特的生态位，并在其中拥有足够的竞争优势。这也正是"占据一个生态位模式"的精髓所在：通过明确定位和专注于特定的市场或产品领域，企业可以获得竞争优势和市场份额。

综上所述，占据一个生态位模式要求企业在竞争激烈的市场环境中明确自身定位，并专注于满足特定市场的需求。通过深入理解和满足目标客户的需求，企业可以在其选择的生态位中获得持续的竞争优势和市场地位。

生态位低成本平替模式

生态位低成本平替模式，顾名思义是企业在发展过程中通过优化资源配置和合理规划，实现低成本运营的同时，不断在市场生态中寻求替代和升级。采用生态位低成本平替模式的企业，可以通过提供低成本产品或服务来占领某个生态位，从而获得市场份额和竞争优势。

生态位低成本平替模式是一种战略选择，旨在通过寻找低成本的替代品来占领某个生态位。这种战略可以帮助企业在竞争激烈的市场中获得成功，同时也可以为消费者提供更加物美价廉的产品或服务。这种战略主要基于以下两个原则：①某个生态位上存在没有被占领的需求，而这种需求可以通过低成本的替代品来满足。②采用低成本平替模式的企业的能力与某个生态位的要求相匹配，并且可以在低成本的情况下提供满足该生态位需求的产品或服务。

生态位低成本平替模式作为一种新型的商业策略，逐渐受到企业的关注和探索。这种模式强调在资源有限的情况下，通过创新和变革，实现在市场上的竞争优势。

大疆创新（DJI）作为全球领先的无人飞行器控制系统及无人机解决方案的研发和生产商，在国际市场中已经确立了相当的地位。从大疆在北美的市场占有率以及连续多年的增长率来看，其已经实现了稳固的立足。下面从生态位低成本平替模式的角度，解析大疆的国际市场战略。

大疆的生态位是其无人机的技术品质和应用领域的定位。在消费级无人机市场，大疆凭借其卓越的技术优势，提供了高质量、高稳定性的无人机产品，满足了从摄影、摄像到农业、建筑等广泛的应用需求。其产品线覆盖了从初学者到专业航拍师的所有用户，形成了完整的生态位占据。在确立了生态位之后，大疆采取了低成本策略，主要体现在以下几个方面：

（1）技术创新与标准化。大疆通过持续的技术创新和生产的标准化，实现了高效率的生产和成本控制。例如，其一体化的设计使得无人机组件的数量减少，简化了生产流程并降低了成本。

（2）规模经济与采购优化。随着销售量的增长，大疆实现了规模经济，进一步降低了单位产品的成本。同时，通过集中采购和供应链优化，大疆有效地管理了原材料和零部件的成本。

（3）市场定位与定价策略。大疆的产品定价既考虑了成本，也考虑了市场需求和竞争环境。通过合理的定价策略，大疆在确保利润的同时，维持了价格竞争优势。

"平替"具体指的是在保持甚至提升产品性能的同时，降低成本的方法。大疆的平替模式是全方位的，因此才能实现降低成本并确保质量的要求（见图14-2）。

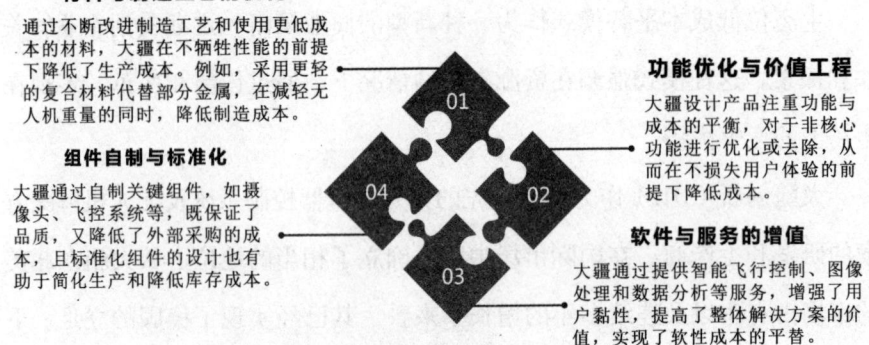

材料与制造工艺的优化
通过不断改进制造工艺和使用更低成本的材料，大疆在不牺牲性能的前提下降低了生产成本。例如，采用更轻的复合材料代替部分金属，在减轻无人机重量的同时，降低制造成本。

组件自制与标准化
大疆通过自制关键组件，如摄像头、飞控系统等，既保证了品质，又降低了外部采购的成本，且标准化组件的设计也有助于简化生产和降低库存成本。

功能优化与价值工程
大疆设计产品注重功能与成本的平衡，对于非核心功能进行优化或去除，从而在不损失用户体验的前提下降低成本。

软件与服务的增值
大疆通过提供智能飞行控制、图像处理和数据分析等服务，增强了用户黏性，提高了整体解决方案的价值，实现了软性成本的平替。

图14-2 大疆生态位低成本平替的几个方面

以大疆的 Phantom 4 Pro 为例，这款无人机在发布时被视为技术上的重大突破。通过采用先进的避障系统、更远的控制距离和优化的图像处理技术，Phantom 4 Pro 保持了高端产品的性能和质量。同时，通过生产优化和成本控制，大疆成功地将这款产品的价格定位在一个相对亲民的水平上。这么做，不仅巩固了其在高端市场的地位，还吸引了更多的消费者进入大疆的生态圈。

通过精准的生态位选择、有效的成本控制和平替策略的实施，大疆成功地实现了高品质产品的低成本化，从而在国际市场上建立了强大的竞争优势。对于其他希望在国际市场上取得成功的中国企业来说，具有重要的借鉴意义。

总而言之，生态位低成本平替模式对于企业在激烈的市场竞争中立足具有重要意义，可以帮助企业在资源有限的情况下实现低成本运营，并在市场中不断寻求替代和升级的机会。

多地栖息决定跨边定价战略

随着全球化的发展和市场竞争的加剧，企业面临着前所未有的挑战。如何在这样的环境下生存并发展，制定正确的市场策略至关重要。多地栖息决定跨边定价战略，作为一种新兴的市场策略，旨在帮助企业在多元化的市场环境中获得竞争优势。

多地栖息指的是企业在多个地区同时进行市场开发和运营，而跨边定价则是指企业在不同市场中对同一产品或服务进行差异化定价。这两者之间的关联在于，通过多地栖息，企业可以更好地了解不同市场的需求、竞争态势和消费者心理，从而制定出更加合理的跨边定价策略。

这种策略意味着企业在不同地区拥有生产基地和销售网络，但由于不同地区的市场需求、消费能力、竞争状况、政策环境等因素存在差异，如何平衡各地区利益，实现整体利润最大化，是企业需要深入研究和探讨的问题。

首先，企业需要建立一个全面的市场分析框架。这个框架应包括对各地区的市场需求、消费者行为、竞争态势、政策环境等方面进行深入分析。通过对这些因素的了解和把握，企业可以更好地制定适应各地市场的价格策略。

其次，企业应采用灵活的定价策略。在不同的市场上，企业可能需要采取不同的定价策略，如市场导向定价、成本导向定价、竞争对手导向定价等。同时，企业还应根据市场的变化，适时调整定价策略，以保持竞争优势。

此外，企业还需要考虑货币汇率、关税、运输成本等因素。在制定跨边定价策略时，企业应充分考虑这些因素对产品成本和价格的影响，以制定出更具竞争力的价格策略。

最后，企业应注重与当地政府和行业协会的合作。在某些国家和地区，政策和行业协会对市场的影响较大。与这些机构建立良好的合作关系，可以帮助企业在制定定价策略时，更好地考虑当地的利益和需求。

因此，多地栖息决定跨边定价战略的核心在于，企业需要制定一套能够平衡各方需求的定价策略，其不仅涉及产品或服务成本，还需考虑不同地区的消费水平、竞争态势和文化背景。因此，企业必须深入研究各地市场的特点，制定出满足不同消费者需求的定价策略。

中国某企业在世界多个国家和地区都有业务分布，为了更好地开拓市场，提高竞争力，该企业决定采用多地栖息决定跨边定价战略。具体策略实施步骤如下：

（1）市场调研。该企业在进入新市场之前，会对新市场所在地的市场需求、竞争状况和消费者心理进行深入调研。例如，在欧洲市场，消费者对产品的环保性能要求较高；在亚洲市场，消费者则更注重产品的性价比。

（2）产品定位。根据市场调研结果，该企业针对不同市场的消费者需求，对产品进行差异化定位。例如，在欧洲市场，将产品定位为"环保、高品质"；在亚洲市场，将产品定位为"性价比高、实用性强"。

（3）跨边定价策略。根据产品定位和市场状况，该企业制定了合理的跨边定价策略。在欧洲市场，由于消费者对环保性能要求较高，注重产品品质，因此该企业适当提高价格；在亚洲市场，由于消费者更注重性价比，且市场竞争激烈，因此适当降低价格。

（4）实施与调整。该企业在实施多地栖息决定跨边定价战略过程中，不断收集各地市场的反馈信息，对价格策略进行适时调整。例如，当欧洲市场需求下降时，该企业适当降低价格；而当亚洲市场需求激增时，该企业适度提高价格。

通过采用多地栖息决定跨边定价战略，该企业在全球范围内取得了良好的业绩和市场口碑。这一战略不仅提高了企业的市场占有率和利润水平，还增强了企业的竞争力和适应能力。

综上所述，对于其他中国企业而言，借鉴该企业的成功经验，灵活运用多地栖息决定跨边定价战略，有助于在日益激烈的市场竞争中取得优势。

以云平台为基础打造生态化模式

随着云计算技术的广泛应用,越来越多的企业开始将业务拓展到云端。通过构建云平台,企业可以实现资源的共享、业务的快速扩展以及更加灵活的运营模式。而在此基础上,打造生态化模式更是成了一种趋势,通过与各方的深度合作,共同创造价值,实现共赢。

云平台集成了计算、存储、网络等多种资源,在为企业提供一个集成的环境的同时,也为其提供了弹性、高效、安全的服务,使得企业可以更加高效地管理和运营业务。通过云平台,企业可以快速部署应用程序,进行数据存储和数据分析等。而生态化模式则是在此基础上进一步将云平台的资源、服务与各方参与者共享,形成一个企业与外部环境互动与共生的良性生态系统(见图14-3)。

图14-3 云平台的优势与生态化模式的核心

云平台不仅为企业提供了高效、灵活的 IT 基础设施，还为企业间的协作与创新提供了新的可能。以美团为例，这家中国最大的在线本地服务平台以云平台为基础，成功打造了一个生态化的运营模式，实现了业务的快速增长和市场的深度拓展。美团的生态化模式主要表现在以下几个方面：

（1）云平台的集成能力，实现了美团多元化业务的高效协同。美团的业务涉及外卖、酒店、旅游、电影等多个领域，如何将这些业务线高效整合在一起是一个巨大的挑战。通过采用云平台，美团实现了各业务线的统一管理和协同。云平台的集成能力使得美团能够快速整合内外部资源，优化业务流程，提高运营效率。同时，各业务线之间的数据共享和分析，也为美团提供了更加精准的市场洞察和用户画像，助力其更好地满足用户需求。

（2）云平台的弹性和可扩展性，可以让美团对市场变化快速做出响应。本地生活服务的市场竞争激烈，且消费者的需求多样化，这就要求企业具备快速响应市场变化的能力。云平台的弹性与可扩展性为美团提供了这一能力，无论是面对突发的大规模订单，还是应对新业务的快速上线，云平台都能为美团提供足够的支持。这种灵活性使得美团在市场竞争中占据先机，满足了消费者不断变化的需求。

（3）云平台的数据驱动，为美团提供了个性化的服务，增强了用户体验。数据是现代企业的宝贵资产，尤其是在本地生活服务领域，用户的行为和需求可以通过数据得到精准的洞察。美团利用云平台的大数据处理能力，对海量的用户数据进行挖掘和分析，从而为用户提供更加个性化的服务。例如，通过用户的消费历史和喜好，推荐合适的餐厅或服务；在用户生日或特殊节日提供优惠券或定制服务。这种个性化的服务不仅提高了用户体验，也进一步增加了用户的忠诚度。

（4）云平台的低成本优势，在提升美团盈利能力的同时，也降低了其运营风险。云平台的按需付费模式为美团节省了大量的 IT 基础设施投入和维护成本。此外，通过用云平台的自动化运维和管理工具，美团减少了人工干预和操作失误的风险，提高了系统的稳定性和可靠性。这种低成本、高效率的运营模式为美团带来了更多的商业机会和盈利空间，同时也降低了美团的运营风险。

（5）云平台的开放与连接，为美团打造了共赢的生态系统。美团不仅为用户提供服务，也为众多的商家和合作伙伴提供了展示和交易的平台。通过云平台，商家可以更方便地接入美团的系统和服务，降低接入门槛和成本。同时，合作伙伴也可以利用云平台的数据和资源，共同创新和开发新的产品和服务。这种生态化的运营模式促进了各方的共同发展和进步，实现了资源的共享和价值的最大化。

（6）云平台的安全保障功能，确保了美团用户数据的安全与合规。随着互联网的普及和用户数据的增多，数据安全和隐私保护成为企业不可忽视的问题。美团利用云平台提供的安全保障措施，如数据加密、访问控制、安全审计等，确保用户数据的安全与合规。同时，通过与云平台的合规团队合作，美团也能够满足各类法规和政策的要求，为用户提供更加安全、可靠的服务。

以云平台为基础打造生态化模式是美团成功的关键因素之一。通过云平台的集成能力、弹性与可扩展性、数据驱动、低成本优势、开放与连接以及安全保障等特性，美团实现了业务的快速增长、市场的深度拓展以及用户和商家价值的最大化。

这一案例为其他企业提供了宝贵的经验和启示：在数字化转型的大背景下，充分利用云平台的优势来打造生态化模式是企业发展的必然选择。

综上所述，通过构建一个良性的生态系统，企业可以更加快速地响应市场变化，实现资源利用的最大化，以及增强自身的竞争力。未来，随着物联网、人工智能等技术的进一步发展，云平台和生态系统将会更加紧密地结合在一起，为企业的发展提供更加广阔的空间和机会。同时，企业也需要不断探索和创新，以适应不断变化的市场环境和技术发展，打造出更加有竞争力的生态系统和商业模式。

后 记

一切商业模式裂变的基础都是人才

人才投资基金,即风险投资从争夺创业项目转向争夺创业型人才。当人才投资基金瞄上上市企业的关键人才团队后,会提供大笔资金支持他们整建制地出来创业。这样做等于将人才、经验、产品、know-how、技术、用户关系、商业模式都平移出来,快速复制出一家可短时间内上市的企业。很多更早觉醒的企业经营者惊呼,这是在"打劫"。对,这就是在打劫,且没有界线和底线可言。

某天使投资人 A 君,投了 100 万元给 C 君的创业项目,但 C 君却创业失败了,钱赔光了。不过 A 君看重的是 C 君的能力,并认为这次创业失败属于试错,其继续给 C 君的第二个创业项目投资 100 万元,并将上一个项目亏光的 100 万元折算成这个项目的股份。果然,事实证明 A 君没有看错,C 君的第二次创业非常成功,公司发展迅速,并于 2023 年在纽约上市。C 君公司的上市,使得 A 君投资的 200 万元折成股份,市值 20 亿元。这不是偶然性事件,而是投资人才所能获得的必然性回报,因为人才就是有从无做到有、化腐朽为神奇的能力。所以,锁定创业型人才的投资对于投资人而言是非常务实且高效的打法,等于在花钱买高效能人才,而非买前景不明确的股票。

这种扶持型人才创立的企业之所以能够成功，不仅因为被扶持人是人才，还在于被扶持型人才创立的新兴企业更能打破基于业务价值链的分工和流程体系，从而推行事业部制度。人才都是不愿被束缚的，也不愿束缚别人。在事业部制下，各路人马八仙过海，各显神通，能干的就干起来，不能干的就被淘汰。推行事业部制度，等于放弃了分工和流程，彻底解放了人才，给人才以平台和机会，让他们放手去干。如此一来，业界更雄心勃勃的人才，就愿意跳槽到这样的企业大展拳脚，勇敢追梦。

做出了《纸牌屋》的 Netflix 公司认为，HR 最重要的工作就应该是满世界去找人。Netflix 公司倡行的也是硅谷普遍接受的"自由与责任"文化，放手让人才干，给人才以自由，但也要求人才必须敢于担当，负起责任。

如今，越来越多的企业发现原来的行业和做法已经做不下去了，没有前途，必须创新与转型，实现商业模式上的裂变。这已经不是发展问题，而是生与死的问题了，形势非常严峻。但由创新和转型引发商业模式裂变，不是单方面努力即可达成的，需要全方位统筹协调共同实现。问题好像越来越复杂，现实也的确如此，有太多企业在通往商业模式裂变的过程中还没走几步，甚至还未开始正式走路，就宣告失败了。为什么？关键在于没有在人才上面下对功夫。再好的商业模式，没有人才来具体实施，就只能是镜花水月。别管过去多么辉煌，没有人才来掌舵转型，就只能眼睁睁看着企业逐渐没落，甚至倒闭。

有了适合的人才，企业的发展与转型就不是一件那么困难的事情了。房多多以迅雷不及掩耳之势"打劫"了传统的房地产中介的蛋糕，就因为人才到位了，腾讯的深圳研发中心总经理参与房多多，万科的副总裁也跳槽去了房多多。"房多多"们活了，传统的公司可能都要被颠覆。

任正非用他的语言强调了人才的重要性："资源是会枯竭的，唯有文化才会生生不息。一切工业产品都是人类智慧创造的。华为没有可以依存的自然资源，唯有在人的头脑中挖掘出大油田、大森林、大煤矿……"

移动互联网时代，赢者通吃，"打劫"的不是某一家两家公司，而是整个行业。类似上述的商业现象，每天都在发生。这是不是能给我们带来一些深刻的思考呢？

各行各业都面临揭竿而起的"打劫"者、颠覆者，原来建立的地盘正在受到威胁，原来建立的结构正在受到冲击。商场如战场，一切都在快速变化，而相对稳定的战略和组织，根本无法及时做出反应。这种现实情况下，企业能够依靠的且值得信赖的只有人才，人才可以根据前线的炮战准确判断出企业的出路。无论进攻还是防卫，人才都能引领企业安然走过，且顺带着开疆拓土。

这就是为什么顶级企业一直在暗中做着一件事——为人才松绑。不迷信费尽心思建立起来的组织结构和流程体系，在必要的时候果断解构，甚至甩开，目的就是为人才减负。看看现实，那些流程森严、秩序井然、按部就班的企业，早已失去快速反应能力。而那些野蛮生长、灵活机动、放手人才各自为战的企业，却能乱中取胜、大获其利。因此，资本才会追着人才跑，为人才服务。

实现商业模式裂变，一定是全方位的，而不是局部的。局部的裂变是不可能实现的，是悖论。就像一颗原子弹爆炸，一定是内部所有铀或钚等容易裂变的重原子核在瞬间裂变释放出巨大的能量。如果只是局部变化，则裂变根本不可能发生。所以，企业要想实现商业模式裂变，其组织结构也同样会发生裂变反应。而且，由于组织结构是引领商业模式的神经中枢，因此可以理解为"兵马未动，粮草先行"，商业模式裂变之前，组织模式就要率先裂变，这样才能引领商业模式裂变。

实现组织裂变必须由人才完成，所谓人才动起来，组织跟随人才，组织适配人才，战略和组织都围绕人才转，商业模式则建立在战略之上，并由组织牵引实现。所以，现在问：组织和人才，孰轻孰重？答案一定是人才重于组织。组织适应人才的需要，而不是人才适应组织的需要。

总而言之，给人才以机会和平台，才是组织的前途所在、资本的收益所在、事业的长久所在。企业家心中要挂三幅图：人才版图、组织版图、战略版图。在这三幅图下先勾画商业模式，再考虑如何创新与裂变商业模式。

大争之世，一切的商业竞争都将化为人才之争。

大变革期，一切商业模式的裂变都是基于人才实现的。